Generalmajor a.D. Günter Vollmer

Die Streitkräfte

DIE BUNDESWEHR
EINE GESAMTDARSTELLUNG

BAND 1
Generalleutnant Lothar Domröse
Verteidigungskonzept und Verteidigungsstruktur der Bundesrepublik Deutschland

BAND 2
Generalmajor Dr. Johannes Gerber
Die Bundeswehr in der NATO

BAND 3
Oberregierungsrat Dipl.-Soziologe Bernhard Fleckenstein
Bundeswehr und Gesellschaft

BAND 4
Ministerialdirigent Dr. Hans-Günter Schwenck
Rechtsordnung und Bundeswehr

BAND 5
Generalleutnant Carl Gero von Ilsemann
Die Innere Führung in den Streitkräften

BAND 6
Brigadegeneral Dr. Hubert Bung
Bildung, Erziehung und Ausbildung in der Bundeswehr

BAND 7
Oberst Roland Zedler
Planungs- und Führungssystem

BAND 8
Generalmajor a. D. Günter Vollmer
Die Streitkräfte

BAND 9
Präsident Dr. Hubert Reinfried
Streitkräfte und Bundeswehrverwaltung

BAND 10
Ministerialdirektor a. D. Dr. Hans-Günter Bode
Rüstung in der Bundesrepublik Deutschland
mit einem Beitrag von Ministerialdirigent Dr. Heinz Gläser
Organisation, Verfahren und Management im Rüstungsbereich

BAND 11
Regierungsdirektor Hans-Günter Krusenotto
Bundeswehr und Kirchen

BAND 12
Leitender Wiss. Direktor Dr. Heinz Berchtold und Oberst i. G. Georg Leppig
Zivil-Militärische Zusammenarbeit (ZMZ)

BAND 13
Dr. phil. Dietmar Schössler, Universität Mannheim
Bundeswehr und Reservisten

Die Bundeswehr
Eine Gesamtdarstellung

Herausgegeben von

Dr. Hubert Reinfried
Präsident der Bundesakademie für
Wehrverwaltung und Wehrtechnik

Hubert F. Walitschek
Generalmajor a.D.

Band 8

Die Streitkräfte

von Generalmajor a. D.
Günter Vollmer

WALHALLA U. PRAETORIA VERLAG

Printed in the Federal Republic of Germany
Gesamtherstellung:
Walhalla u. Praetoria Verlag KG Georg Zwickenpflug
Dolomitenstraße 1, 8400 Regensburg
Telefon (09 41) 6 20 21 / 6 20 22
Gesamtwerk:
ISBN 3-8029-6420-9
Band 8:
ISBN 3-8029-6428-4

Vorwort der Herausgeber

Mit der Herausgabe dieser Buchreihe wird erstmals der Versuch unternommen, einen umfassenden, gestrafften, allgemein verständlichen Gesamtüberblick über die Bundeswehr, die auf ein über 22-jähriges Bestehen zurückblickt, und die sie tragenden und unterstützenden Kräfte, Organisationen und Institutionen zu geben.
Friedenspolitik war und ist unabänderliches Ziel der Bundesrepublik Deutschland und aller ihrer Regierungen. Sie erfordert eine ausgewogene Sicherheitspolitik und Verteidigungsbereitschaft im Rahmen unseres Bündnissystems. Ohne militärischen Schutz läßt sich ein Leben in Frieden und Freiheit nicht gewährleisten und ist erfolgreiche Entspannungspolitik nicht möglich.
Die Bundeswehr ist ein unverzichtbares Instrument der Friedenspolitik. Sie hat den eindeutigen Auftrag, die äußere Sicherheit der Bundesrepublik Deutschland gegen jeden militärischen Angriff von außen her gemeinsam mit den Bündnispartnern zu schützen (Artikel 26, 87 a und 87 b Grundgesetz).
Der Autor des vorliegenden Bandes 8 „Die Streitkräfte", Generalmajor a.D. Günter Vollmer, u.a. langjähriger Organisationsreferent im Bundesministerium der Verteidigung und hervorragender Sachkenner militärischer Organisationsfragen, hat in Übereinstimmung mit den Herausgebern bewußt darauf verzichtet, die organisatorische Entwicklung der Streitkräfte von den Anfängen her zu entwickeln. Vielmehr geht es darum, die gegenwärtige Aufbauphase im Ergebnis – Stand Frühjahr 1978 – darzustellen und so dem interessierten Leser den heutigen Sachstand vorzulegen.
Im Anlagenteil findet der Leser jedoch Abdrucke einiger wichtiger, inzwischen „historischer" Erlasse, Verfügungen und Organisationsschemata bzw. Auszüge aus ihnen. Sie sollen ihm vor Augen führen, welche ungeheuere Aufbauarbeit vonnöten war, um bis zum heute Erreichten zu kommen. Trotzdem weiß jeder Kenner der Organisation, daß sie, um wirksam zu bleiben, einem ständigen Prozeß der Weiterentwicklung unterworfen ist.
* Ein neues Wehrstrukturmodell befindet sich im Stadium der Planung und ist Gegenstand eingehender Prüfung. Bis zur endgültigen Entscheidung hierüber und den daraus zu ziehenden Folgerungen und einzuleitenden Maßnahmen bis hinunter zur Kompanie wird noch eine gewisse Zeit verstreichen. Die Vollendung der Reihe sollte dadurch nicht aufgehalten werden. Nach der Verabschiedung einer neuen Wehrstruktur und der Entscheidung über die konkreten Maßnahmen hierzu wird ungesäumt ein Nachtrag herauskommen und den Beziehern dieses Bandes zu bevorzugten Bedingungen angeboten werden.
Die deutsche Bundeswehr ist heute ein unverzichtbarer Bestandteil des NATO-Bündnisses; sie ist hervorragend ausgerüstet, gut ausgebildet und ihre Soldaten wissen, worum es geht, nämlich
das Recht und die Freiheit des deutschen Volkes zu schützen.

Dr. Hubert Reinfried / Hubert Walitschek

---

* Während der Drucklegung dieses Buches erfolgte Ende Oktober 1978 durch den Bundesminister der Verteidigung die Entscheidung über die neue Struktur des Heeres. Siehe dazu Seiten 137—143.

Inhalt

Seite

Seite

1 Die deutschen Streitkräfte

Die Streitkräfte der Bundesrepublik Deutschland sind Teil des politischen Systems dieses Staates. Da dieser Staat ein sozialer Rechtsstaat ist, wird im Nachfolgenden von der rechtsstaatlichen Begründung unserer Streitkräfte ausgegangen.
Die Bundeswehr, deren militärischer Teil die „Streitkräfte" sind, wurde zur Verteidigung dieses Volkes und seines Staates aufgestellt. Sie kann ausnahmslos nur bei einer Bedrohung der Bundesrepublik Deutschland von außen und zur Abwehr einer drohenden Gefahr für den Bestand oder die freiheitlich demokratische Grundordnung dieses Landes eingesetzt werden. Auch die Zugehörigkeit zum NATO-Bündnis schließt jede andere Möglichkeit eines Einsatzes deutscher Soldaten aus. Der Nordatlantikvertrag ist im militärischen Teil ein Bündnis zur Verhinderung eines Angriffs und gegebenenfalls zu dessen Abwehr.
Die Bundeswehr rekrutiert sich aus jungen Männern dieses Staates aufgrund der allgemeinen Wehrpflicht. Hierdurch erweist sie sich als ein Teil dieses Volkes und seines demokratischen Gemeinwesens. Die wehrpflichtigen Soldaten sind in politischer wie in sozialer Hinsicht ein Querschnitt der Menschen dieses Staates.
Im Gegensatz zu manchen anderen Staaten und Völkern oder auch Gruppen von Menschen hat die Bundesrepublik Deutschland weder politische noch weltanschaulich-ideologische Ziele, die auf Eroberung und gewaltsame Eingliederung fremden Staatsgebiets und anderer Menschen oder Völker ausgehen. Deswegen wird der deutsche Soldat ausschließlich verpflichtet, das Recht und die Freiheit des deutschen Volkes zu verteidigen.

1.1 Der Auftrag

„Ich gelobe, der Bundesrepublik Deutschland treu zu dienen und das Recht und die Freiheit des deutschen Volkes tapfer zu verteidigen, so wahr mir Gott helfe."
So lautet das feierliche Gelöbnis, welches der wehrpflichtige deutsche Soldat ablegt. Der Treueid des Berufssoldaten und des Soldaten auf Zeit beginnt – und dies ist der einzige Unterschied – mit den Worten: „Ich schwöre ......".
Diese Grundpflicht des deutschen Soldaten beinhaltet zugleich den Auftrag der Bundeswehr. Der Auftrag schließt jede denkbare Aggressionsabsicht aus. Er ist eine Anweisung, den Schutz des deutschen Volkes gegen Angriffe sicherzustellen.
Aufgrund der derzeitigen Machtkonstellation – besonders in Europa – muß davon ausgegangen werden, daß ein kleines Land wie die Bundesrepublik Deutschland den Schutz seiner Bevölkerung nicht mehr allein mit seinen eigenen Kräften sicherstellen kann. Darum trat die Bundesrepublik sowohl der Westeuropäischen Union (WEU) als auch der Nordatlantischen Organisation (NATO) bei. Diese Bündnisse sind reine Defensivvereinbarungen der Unterzeichnerstaaten zum Schutz gegen mögliche militärische Angriffe von außen.
Der Auftrag der Bundeswehr, der nur gemeinsam mit den Bündnispartnern erfüllt werden kann, gliedert sich in Stufen.

Erste Stufe und Kernstück der deutschen Verteidigungskonzeption ist die *Abschreckung.* Jeder mögliche Aggressor soll durch die Stärke des Bündnisses von Angriffsabsichten auf das Territorium der Bundesrepublik Deutschland abgeschreckt werden. Er soll von vornherein die Aussichtslosigkeit eines Angriffs erkennen. Stärke hat hierbei nicht nur den Sinn von militärischer Macht, sondern schließt auch wirtschaftliche Kraft, soziale Ausgewogenheit u.a.m. ein. Militärische Kraft bedeutet aber in der derzeitigen politischen Konstellation Europas vor allem Präsenz von Streitkräften. Aus diesem Grund wird im Grundgesetz die Wehrpflicht für alle jungen deutschen Männer bestimmt. Und aus demselben Grund hat sich die Bundesrepublik Deutschland in den Verträgen zur Aufstellung einer bestimmten Anzahl militärischer Großverbände verpflichtet.

Die militärische Abschreckung soll wegen der vielfältigen Möglichkeiten, die ein potentieller Angreifer heute hat, lückenlos sein. Sie reicht daher von der Abschreckung eines im Untergrund Kämpfenden bis zur Abschreckung eines Feindes, der mit Atomwaffen angreifen will.

Die Bundesrepublik Deutschland hat gegenüber ihren Bündnispartnern auf die Herstellung von Atomwaffen verzichtet und sich entsprechenden internationalen Kontrollen unterworfen. Daher ist ein wesentlicher Grund des Beitritts zum NATO-Bündnis für sie die Tatsache, daß ein oder mehrere Bündnispartner diesen Teil des Abwehrspektrums abdecken können.

Sollten trotz der Konzeption der Abschreckung dennoch fremde Streitkräfte das Territorium der Bundesrepublik Deutschland angreifen, dann beginnt die zweite Stufe des Auftrags der Bundeswehr: Die *Verteidigung.* Sie soll so weit vorn wie möglich an den Grenzen, die verletzt wurden, einsetzen. Ziel der Verteidigung ist, die Integrität des deutschen Territoriums wiederherzustellen und den Gegner zum Frieden zu zwingen. Er soll die Nutzlosigkeit seiner militärischen Aggression einsehen. Die Verteidigungskonzeption sieht daher neben den militärischen Abwehrmaßnahmen ununterbrochene politische Anstrengungen vor, um einen aufgezwungenen Verteidigungskampf schnellstens beenden zu können.

Zur Präsenz deutscher Streitkräfte, die durch ihr Dasein Abschreckung bewirken, gehört die Aufgabe, die deutschen Soldaten im Frieden so auszurüsten und auszubilden, daß sie bei einem Angriff auf die Bundesrepublik Deutschland imstande sind, „das Recht und die Freiheit des deutschen Volkes" verteidigen zu können.

Dem militärischen Laien sollte bei dieser Aussage auch folgendes bewußt sein: Jede politische und strategische Angriffsaktion ist den Streitkräften dieser Bundeswehr unmöglich. Hierauf ist die gesamte Erziehung und Ausbildung unserer Soldaten ausgerichtet. Operativ/taktisch muß allerdings der deutsche Soldat auch angreifen können. Wie soll er sonst im Verteidigungsfall einen eingedrungenen Gegner aus dem Territorium der Bundesrepublik Deutschland werfen können?

Jeder deutsche Soldat weiß, daß er ausschließlich nur zur Verteidigung eingesetzt werden würde. Sein Auftrag, dieses Volk und Land gegebenenfalls schützen zu müssen, verlangt von ihm aber auch, jeden Aggressor vertreiben zu können.

1.2 Die Rechtsgrundlagen

1.2.1 Das Grundgesetz

Zweimal schuf ein demokratisches deutsches Staatswesen sich in diesem Jahrhundert seine Streitkräfte.

Das erste Mal in der Weimarer Republik. Die damalige Armee, die Reichswehr, unterstand der Kommandogewalt des Reichspräsidenten. Auf Grund dessen verfassungsmäßiger Stellung im Staat blieb sie dadurch weitgehend unabhängig von den übrigen Staatsorganen dieser Demokratie. Staat und Reichswehr standen sich mit Distanz gegenüber.

Dagegen muß man feststellen, daß es das zweite Mal - in der Bundesrepublik Deutschland - gelungen ist, die Streitkräfte in diesen Staat voll zu integrieren. Diese Aussage ist deswegen bedeutend, weil seit einiger Zeit eine kleine Minderheit in unserem Volk „endlich die Demokratisierung der Bundeswehr" fordert. Das ist ein Täuschungsversuch. Diese Minderheit meint mit dem Begriff „Demokratisierung" die Auflösung des Gefüges der Streitkräfte, um über deren Zerfall den demokratischen deutschen Staat aus den Angeln heben zu können.

Die Bundeswehr ist ein parlamentarisch kontrolliertes Organ unserer Demokratie. Wie bei jeder Großorganisation gibt es auch bei der Bundeswehr Gesetzmäßigkeiten, die von der Aufgabe vorgegeben sind. Hierin ähneln sich Streitkräfte aller Nationen, weil ihre Aufgaben sich gleichen: Soldaten sollen den Schutz der Bevölkerung und des Staates übernehmen, wenn diese angegriffen werden.

Wesentlich für eine Streitkraft ist das Vermögen, unverzüglich reagieren zu können. Aus diesem Grund herrschen in allen Streitkräften dieser Welt die Gesetzmäßigkeiten von „Befehl und Gehorsam". Hierin unterscheidet sich eine Armee von anderen demokratischen Institutionen. Ohne diese Sonderheit wäre eine Streitkraft jedoch ohne Sinn, weil nicht abgestimmt werden kann, wenn schnellstes Handeln notwendig ist.

Dennoch ist die Bundeswehr in allen Dingen dem Willen des Volkes unterworfen. In der Demokratie westlicher Prägung geschieht die Willensäußerung des Volkes über das frei gewählte Parlament. Dieses bestimmt auch die Aufgaben der Bundeswehr und übt die Kontrolle über diese aus. Das Parlament entscheidet über den Umfang der Streitkräfte, die Bewaffnung, den Geist, der in den Streitkräften herrschen soll und ordnet schließlich, wenn notwendig, den Einsatz der Streitkräfte an. In bestimmter Hinsicht kann die deutsche Bundeswehr deshalb als eine „Streitkraft des Parlaments" bezeichnet werden.

Aufbau und Auftrag der Bundeswehr sind im Grundgesetz der Bundesrepublik Deutschland festgelegt. Zentraler Teil der Großorganisation Bundeswehr und eigentlicher Sinninhalt sind die deutschen Streitkräfte.

Zum Aufbau der Streitkräfte sagt das Grundgesetz in Artikel 12 a aus, daß die deutschen „Männer vom vollendeten achtzehnten Lebensjahr an zum Dienst in den Streitkräften verpflichtet" werden können. Im Absatz (2) dieses Artikels wird geregelt, daß der Deutsche, der „aus Gewissensgründen den Kriegsdienst mit der Waffe verweigert", zu einem Ersatzdienst verpflichtet werden kann.

Der Artikel 87 a legt fest, daß der Bund Streitkräfte zur Verteidigung aufstellt und daß die zahlenmäßige Stärke dieser Streitkräfte und die Grundzüge ihrer Organisation sich aus dem Haushaltsplan ergeben müssen. Außer zur Verteidigung dürfen die Streitkräfte nur eingesetzt werden, soweit das Grundgesetz dies zuläßt.

Im Grundgesetz wird geregelt, daß die Streitkräfte dem Primat der Politik unterliegen. Artikel 65 a bestimmt hierzu, daß der Bundesminister der Verteidigung – ein Zivilist und Mitglied des Bundeskabinetts – die Befehls- und Kommandogewalt über die Streitkräfte hat.

Wichtige weitere Aussagen stehen in den Artikeln 24 und 26 des Grundgesetzes. Dort heißt es, daß sich der Bund „zur Wahrung des Friedens einem System gegenseitiger kollektiver Sicherheit einordnen kann", und daß „Handlungen, die geeignet sind und in der Absicht vorgenommen werden, das friedliche Zusammenleben der Völker zu stören, insbesondere die Führung eines Angriffskrieges vorzubereiten", verfassungswidrig und unter Strafe zu stellen sind.

Das Grundgesetz kennt für außerordentliche Zeiten den Spannungsfall und den Verteidigungsfall. In den Artikeln 80 a und 115 a sind die Bestimmungen zusammengefaßt, die aussagen, welche Maßnahmen hinsichtlich dieser Fälle getroffen und auf welchem Weg sie verfügt werden. Das Grundgesetz ordnet gemäß Artikel 115 b an, daß mit der Verkündung des Verteidigungsfalles die Befehls- und Kommandogewalt über die Streitkräfte auf den Bundeskanzler übergeht.

Alle genannten Artikel regeln den Aufbau der deutschen Streitkräfte, ihre Einordnung in das politische System der Bundesrepublik Deutschland sowie ihren Auftrag. Darüberhinaus gibt es im Grundgesetz weitere Bestimmungen, die Anweisungen für die Bundeswehr im allgemeinen und für den Verteidigungsfall im besonderen enthalten.

Im deutschen Bundestag finden jährlich – stets aber bei der Behandlung des Haushaltsgesetzes – eingehende Aussprachen über die Bundeswehr statt. Diese laufen notwendigenfalls in Forderungen des Bundestages an die Bundesregierung hinsichtlich der Streitkräfte aus.

Eine besondere Bedeutung hat der Artikel 45 b GG, der besagt, daß „zum Schutz der Grundrechte und als Hilfsorgan des Bundestages bei der Ausübung der parlamentarischen Kontrolle" ein Wehrbeauftragter des Bundestages berufen wird. In dem „Gesetz über den Wehrbeauftragten des Bundestages" sind die Befugnisse und Aufgaben des Wehrbeauftragten festgelegt.

Der Artikel 45 a GG schließlich bestimmt, daß der Bundestag einen Ausschuß für Verteidigung zu bestellen hat, der auch die Rechte eines Untersuchungsausschusses hat.

Aus den die Bundeswehr betreffenden Grundgesetzartikeln ergibt sich, daß

- die Streitkräfte fest in den politischen Rahmen der Bundesrepublik Deutschland eingebunden sind, zumal der „Ober-

ste Befehlshaber" dieser Streitkräfte ein dem Parlament verantwortlicher Politiker ist
- der Deutsche Bundestag die parlamentarische Kontrolle über die Streitkräfte ausübt und den Schutz der Grundrechte überwacht
- die deutschen Streitkräfte in Verteidigungssysteme (NATO und WEU) eingebunden werden können und auch eingebunden sind
- nach dem Grundgesetzgebot, wonach Streitkräfte nur für die Verteidigung des deutschen Volkes aufgestellt werden dürfen, die Zusammenarbeit mit den anderen Bündnispartnern ausschließlich zur Verhinderung eines Angriffs erfolgt und notwendigenfalls zur Abwehr eines solchen.

Die Stellung der deutschen Streitkräfte in der Bundesrepublik Deutschland muß in der Konsequenz deutscher Geschichte der letzten einhundert Jahre gesehen werden. Den Schöpfern des Grundgesetzes ging es darum, die gesellschaftliche Position neuer deutscher Streitkräfte nach den Erfahrungen mit der überhöhten Position der Armee im zweiten deutschen Kaiserreich, aber auch mit der Sonderstellung der Reichswehr in der Weimarer Republik so festzulegen, daß Bürger und Soldat miteinander in Deckung gebracht werden konnten.

Aus den grundrechtlichen Bestimmungen über die deutschen Streitkräfte ergibt sich der rechtliche Rahmen für ihren Gebrauch. Diese Streitkräfte dienen nicht einer Gruppe oder einer Schicht der Nation. Sie sind ein Instrument der Politik, welche durch die Mehrheit des Volkes in freien Wahlen bestimmt wird.

Die deutschen Streitkräfte dienen dem Schutz dieses Volkes nach außen. Die Aufrechterhaltung der öffentlichen Sicherheit und Ordnung im Innern ist Aufgabe der Polizei.

Das Grundgesetz läßt einen Einsatz von Streitkräften im Innern nur dann zu, wenn eine „drohende Gefahr für den Bestand oder die freiheitlich demokratische Grundordnung des Bundes oder eines Landes" (im Sinne des Grundgesetzes) abzuwehren ist und die Polizeikräfte sowie der Bundesgrenzschutz nicht ausreichen.

In diesem Fall können die Streitkräfte zum Schutz ziviler Objekte und bei der Bekämpfung organisierter und militärisch bewaffneter Aufständischer eingesetzt werden.

Ein solcher innerer Notstand gilt jedoch nicht, wenn nur die bloße Möglichkeit einer Verletzung des Staates vorliegt, sondern erst bei der ernstlichen Bedrohung oder sogar Verletzung des Staates.

Erwähnt werden sollte hierbei, daß der bewaffnete Einsatz der Streitkräfte gegen einen Arbeitskampf niemals zulässig ist. Artikel 9 GG besagt in Absatz (3), daß – unter anderem – die Aussagen des Artikels 87 a GG sich nicht gegen Arbeitskämpfe richten dürfen, die „zur Wahrung und Förderung der Arbeits- und Wirtschaftsbedingungen von Vereinigungen im Sinne des Absatzes (1) (dieses Grundgesetzartikels) geführt werden".

1.2.2 Soldatengesetz und Wehrpflichtgesetz

Während das Grundgesetz die wehrrechtlichen Grundsätze festschreibt, erfolgte der Aufbau der deutschen Streitkräfte, nachdem weitere Gesetze und Verordnungen erlassen worden waren. Die beiden wichtigsten Gesetzte sind das Soldatengesetz (SG) und das Wehrpflichtgesetz (WPflG). Das Erstgenannte heißt:

> „Das Dienstrecht der Soldaten
> Gesetz über die Rechtsstellung des Soldaten
> (Soldatengesetz)"

Durch die Bestimmungen dieses Gesetzes wird die Stellung des deutschen Soldaten im Rahmen der Grundordnung der Bundesrepublik Deutschland geregelt.
In ersten Abschnitt des Gesetzes werden Bestimmungen für alle Soldaten gegeben. Es werden die staatsbürgerlichen Rechte der Soldaten, ihre Pflichten, die Pflichten der Vorgesetzten und die Grundsätze über Befehl und Gehorsam aufgeführt. Das Gesetz stellt fest, daß der Zusammenhalt der Bundeswehr wesentlich auf Kameradschaft beruht.
Im zweiten Abschnitt dieses Gesetzes wird die Rechtsstellung der Berufssoldaten und der Soldaten auf Zeit bestimmt.
Die Begründung der Wehrpflicht sowie die Heranziehung der Wehrpflichtigen zum Wehrdienst werden im Wehrpflichtgesetz geregelt. Außerdem finden sich in diesem Gesetz noch die Anordnungen für das Wehrersatzwesen, die Vorschriften für die Kriegsdienstverweigerer sowie die Bestimmungen für die Beendigung des Wehrdienstes und den Verlust des Dienstgrades.
Während das Grundgesetz die Basis der Inneren Führung ist, regelt das Soldatengesetz die Rechte und Pflichten der Soldaten im einzelnen. Hierdurch wurde das Leitbild des Staatsbürgers in Uniform geprägt. Der Soldat hat jederzeit Anspruch auf uneingeschränkte Achtung seiner Menschenwürde.
Vom Verfassungsgeber sind dem Deutschen Bundestag besondere Kontrollrechte gegenüber der Bundeswehr übertragen worden, um zu gewährleisten, daß die Rechte und Pflichten der Soldaten geachtet werden. Die Kontrolle wird in erster Linie vom Wehrbeauftragten sowie vom Verteidigungsausschuß des Deutschen Bundestages ausgeübt.

1.3 Gliederung der Streitkräfte

Solange unterschiedliche politische Systeme auf der Erde existieren und solange es keine Macht auf Erden gibt, die den Frieden erzwingen kann, muß damit gerechnet werden, daß anders nicht lösbare Probleme mit Gewalt ausgetragen werden.
Um nicht Opfer von Gewaltanwendungen Fremder zu werden, halten sich Staaten Streitkräfte. Unter dem Schutz solcher Streitkräfte soll der Bürger ohne Angst vor Unterdrückung seiner Arbeit nachgehen können.

Streitkräfte sind nicht unabhängig; sie sind auch keine Organisation, die sich selbst ihren Auftrag gibt. Sie dienen der Politik des Volkes und Staates, dem sie angehören; Streitkräfte sind ein Instrument der Politik.

Auch die Bundesrepublik Deutschland unterhält in diesem Sinne Streitkräfte.

Im Gegensatz zur marxistischen Ansicht, nach welcher Streitkräfte als „die organische Einheit bewaffneter Menschen“ definiert werden, „die ein Staat zum Zwecke des offensiven oder defensiven Krieges unterhält“[1], sieht die Bundesrepublik Deutschland in ihren Streitkräften ausschließlich ein Instrument zur Verteidigung. Alle Vorbereitungen zur Führung eines Angriffskrieges (offensiver Krieg) sind verfassungswidrig und damit verboten.

Moderne Streitkräfte, die verteidigen sollen, müssen über moderne technische Mittel verfügen. Die Bundesrepublik bemüht sich daher, solche Mittel zu beschaffen, ihre Soldaten damit auszurüsten, diese daran auszubilden und ihre Streitkräfte gegen alle möglichen Angriffsabsichten aller denkbaren Gegner abwehrbereit zu halten.

Es kann konstatiert werden, daß mit dem wachsenden Selbstbewußtsein der Deutschen in der Bundesrepublik und ihrem größer werdenden Selbstverständnis auch die Einsatzbereitschaft der jungen deutschen Soldaten stetig gestiegen ist.

Organisation und Struktur von Streitkräften richten sich nach ihrem Auftrag. In unserem Jahrhundert haben sich bei Streitkräften in einem Land, wie es die Bundesrepublik Deutschland ist, drei Aufgaben herausgeschält: Die Verteidigung des Volkes und Territoriums zu Lande, in der Luft und auf dem Wasser. Wir sprechen daher vom Landkrieg, vom Luftkrieg und vom Seekrieg.

Diesen drei Kriegsformen und Aufgaben entsprechend gliedern sich die Streitkräfte der Bundesrepublik Deutschland in:

- das Heer
- die Luftwaffe und
- die Marine.

Wir nennen diese die Teilstreitkräfte.

Neben diesen drei Organisationsbereichen wurde in den deutschen Streitkräften außerdem der Bereich des Sanitäts- und Gesundheitswesens der Bundeswehr aufgebaut mit der vordringlichen Aufgabe, die Gesundheit der Soldaten zu erhalten oder wiederherzustellen. Dieser Bereich umfaßt alle Tätigkeiten ärztlicher, zahnärztlicher, pharmazeutischer und veterinärmedizinischer Art. In einem Verteidigungsfall unterliegt der Sanitäts- und Gesundheitsdienst der Bundeswehr dem Schutz der Genfer Abkommen.

Außer den militärischen Aufgaben, die vom Heer, der Luftwaffe und der Marine zu erfüllen sind, und den Aufgaben des Sanitäts- und Gesundheitswesens gibt es

1) K. Marx/Fr. Engels-Werke, Bd. 14
Berlin 1961, S. 5

noch Sachgebiete, die sich auf die Streitkräfte insgesamt erstrecken. Solche streitkräftegemeinsamen Aufgaben nehmen wesentlich die

Zentralen Militärischen Dienststellen
der Bundeswehr (ZMilDBw)

wahr. Sie bilden einen eigenen Organisationsbereich. Zur Zeit wird untersucht, ob nicht aus Gründen der Vereinfachung oder auch der Wirtschaftlichkeit weitere Aufgaben in diesem zentralen Bereich zusammengefaßt werden können.

1.4 Der Haushaltsplan des Bundes

In jedem Jahr wird der Haushaltsplan des Bundes im Deutschen Bundestag verhandelt und durch Mehrheitsbeschluß verabschiedet. Er legt in Kapiteln und Titeln detailliert die vom Parlament bewilligten Ausgaben für jedes Ressort fest. Dieses gilt auch für den Geschäftsbereich des Bundesministers der Verteidigung.
In einem Vorwort zum Einzelplan 14 (Verteidigungshaushalt) werden der Geschäftsbereich selbst, die Aufgaben und die Organisation des Bundesministers der Verteidigung in den wichtigsten Grundzügen beschrieben.
Es heißt darin gemäß dem Grundgesetz, daß die gesamte Bundeswehr einschließlich der militärischen Führung einem dem Parlament verantwortlichen zivilen Bundesminister unterstellt ist, der auch die Befehls- und Kommandogewalt über die Streitkräfte ausübt. Es wird weiter die Organisation des Bundesministeriums der Verteidigung mit der Leitung des Ministeriums, den dieser unterstellten Stäben sowie den Abteilungen, zu denen auch die militärischen Führungsstäbe mit dem Generalinspekteur der Bundeswehr und die Inspekteure in ihrer Eigenschaft als ministerielle Abteilungsleiter gehören, bestimmt.
Weiterhin wird angesprochen, wer dem Minister als Inhaber der Befehls- und Kommandogewalt truppendienstlich unmittelbar untersteht: Es sind dies der Stellvertreter des Generalinspekteurs und die Inspekteure mit den ihnen wiederum jeweils truppendienstlich nachgeordneten militärischen Bereichen.
Im Haushaltsplan wird die Organisation des dem Ministerium nachgeordneten Bereiches in den Grundzügen angegeben. Bei den Streitkräften heißt es, daß sie sich in Heer, Luftwaffe, Marine, die Zentralen Militärischen Dienststellen und die Zentralen Sanitätsdienststellen der Bundeswehr gliedern.
In einer Vorbemerkung zu den Kommandobehörden, Truppen usw. des Haushaltsplanes wird die zahlenmäßige Stärke der Streitkräfte mit – z.B. im Jahre 1976 – insgesamt 495 000 Soldaten begrenzt. Es wird ferner das Planstellensoll für Berufs- und Zeitsoldaten und das Stellensoll für die Wehrpflichtigen angegeben.
Und schließlich ordnet das Parlament mit Hilfe des Haushaltsplanes an, wieviel Kommandobehörden und Stäbe, welche Truppen und Dienststellen die deutschen Streitkräfte im einzelnen umfassen sollen.

1.5 Organisation der Kommandobehörden

Streitkräfte sind hierarchisch gegliedert. In einem Verteidigungsfall müssen die Streitkräfte auf jede militärische Aktion eines Gegners zum Schutz der Nation unverzüglich reagieren können. Diese Aufgabe kann nur von einer Organisation gelöst werden, deren Gefüge auf „Befehl und Gehorsam" beruht.

Hierarchische Strukturen gibt es auch in anderen Großorganisationen. Nur spricht man bei diesen, z.B. in der Wirtschaft, wenn Anordnungen erteilt werden, nicht von einer Befehlsgabe; man drückt dies anders aus und wendet andere Mittel an, um die Ausführung von Entscheidungen zu erreichen.

Die hierarchische Ordnung von Streitkräften drückt sich u.a. in den Dienstgradbezeichnungen aus, die bestimmten Befehlsebenen zugeordnet werden. So ist z.B. der Führer einer Gruppe, der kleinsten militärischen Einheit, in der Regel ein Unteroffizier oder Stabsunteroffizier; der Chef einer Kompanie ist in der Regel ein Hauptmann, bei bestimmten Kompanien ist er Major. Die militärischen Dienstgradbezeichnungen sind bei den Teilstreitkräften zum Teil unterschiedlich (Anlage 1).

Die Organisation der Streitkräfte erlaubt andere Prinzipien des Führens dort anzuwenden, wo eine unmittelbare Reaktion nicht erforderlich ist. Beispiel hierfür ist die Institution des Vertrauensmannes. Er ist keine durch einen Dienstposten im Organisationsplan einer Dienststelle etatisierte Person. Der Vertrauensmann wird für eine festgelegte Zeit von den Personen, deren Interessen er vertreten soll, gewählt. Er soll ein Mittler zwischen denen, die ihn wählten, und dem Disziplinarvorgesetzten sein. Bei Angelegenheiten, die in das Aufgabengebiet des Vertrauensmannes fallen, hat der Vorgesetzte dessen Stellungnahme und Mithilfe einzuholen. Rechte und Pflichten der Vertrauensmänner sind im § 35 des Soldatengesetzes festgelegt.

Eine Zusammenarbeit, die nicht nur auf Befehl und Gehorsam, sondern auch auf Absprache, Diskussion und Beratung beruht, ist jedoch in den Streitkräften nichts Neues. Militärische Führer führen seit langem mit Stäben. Ein Kommandeur soll – das ist der Gedanke gewesen, der zur Bildung von Stäben führte – die qualifizierte Stellungnahme seiner Mitarbeiter einholen, bevor er seine, zum Teil schwerwiegenden Entscheidungen trifft. In seinem Stab gibt es Fachleute für die einzelnen Führungsgrund- und Spezialstabsgebiete. Ihrer bedient er sich, wie umgekehrt die Stabsangehörigen durch ihre Beratung Einfluß auf die Führungsentscheidungen nehmen. Der Stab soll mit wissenschaftlicher Genauigkeit vorausschauend planen und organisieren.

In allen modernen Streitkräften wird mit Hilfe von Stäben geführt.

Zentrale Aufgabe der Angehörigen von Stäben ist die Information und die Beratung des militärischen Führers im jeweiligen Verantwortungsbereich. Die Tätigkeit des gesamten Stabes richtet sich darauf aus, Entscheidungen vorzubereiten. Ein Stab selbst kann keine Entscheidungen treffen. Somit besitzt ein Stab – oder seine Organe – auch keine Befehlsgewalt gegenüber den nachgeordneten Kommandoebenen.

Führer militärischer Kommandobehörden, die zur Erledigung ihrer Aufgaben einen Stab zugeordnet erhalten, heißen Kommandeur oder Befehlshaber. In allen Verbänden vom Bataillon und entsprechend an aufwärts steht dem militärischen Führer ein Stab zur Verfügung. Von der Brigadeebene an aufwärts wird dieser Stab mit „Kommando" bezeichnet. Die Bezeichnungen Stab oder Kommando werden im übrigen von Fall zu Fall festgelegt.

Auch Leiter von Ämtern oder anderen militärischen Dienststellen können zur Erledigung ihrer Führungsaufgaben einen Stab erhalten.
Die Arbeitsorgane des Generalinspekteurs und der Inspekteure im Ministerium werden „Führungsstäbe“ genannt.
Militärische Stäbe gliedern sich im allgemeinen in Abteilungen; diese werden in Referate bzw. Dezernate und weiterhin in Sachgebiete unterteilt. In großen Stäben gibt es weitere Unterteilungen. Durch Zusammenfassung von Referaten können Stabsabteilungen, durch Zusammenfassung von Dezernaten Dezernatsgruppen gebildet werden.
In den deutschen Streitkräften sind alle Stäbe entsprechend dem NATO-Stabssystem gegliedert. Die Grundorganisation entspricht der folgenden Aufgabenzuordnung:

Gebiet 1:	Personalwesen (hierzu kommt bei den deutschen Stäben: Innere Führung)
Gebiet 2:	Feindnachrichten und militärische Sicherheit
Gebiet 3:	(Einsatz-)Führung, Organisation, Ausbildung
Gebiet 4:	Logistik

Diese Aufgabengebiete werden die Führungsgrundgebiete genannt. In allen NATO-Stäben werden diese vier Aufgabenbereiche in der genannten Reihenfolge durchnumeriert. Je nachdem, ob der Leiter des Aufgabenbereiches ein Generalstabs-/Admiralstabsoffizier ist oder nicht, werden diese als Generalstabs-/Admiralstabsgebiet – bei der Luftwaffe: Air Staff – eins bis vier (abgekürzt: G 1 bis G 4 bzw. A 1 bis A 4) oder Stabsgebiet eins bis vier (abgekürzt: S 1 bis S 4) bezeichnet.

In hohen NATO-Kommandobehörden gibt es noch das Führungsgrundgebiet Nummer 5 (G 5 bzw. A 5). Hierunter fallen die Aufgaben der zivilen-militärischen Zusammenarbeit.
Die Luftwaffe rechnet in höheren Stäben das Gebiet Fernmeldewesen zu den Führungsgrundgebieten mit der Bezeichnung A 6 hinzu.
In höheren Kommandobehörden/Stäben treten neben diese Führungsgrundgebiete nun weitere Abteilungen oder Sachgebiete. Es gibt z.B. – unterschiedlich in den Kommandobehörden oder Stäben – Abteilungen für

- Presse und Öffentlichkeitsarbeit
- Fernmeldewesen
- Verkehrsführung
- Infrastruktur
- Sanitäts- und Gesundheitswesen
- Militärgeodäsie
- Verwaltung
- und andere mehr

Zur Koordinierung der Arbeit steht in höheren Kommandobehörden und Stäben an der Spitze ein „Chef des Stabes“.

In solchen Stäben gibt es neben dem militärischen Personal eine Anzahl Beamte und Angestellte, die ihre Fachaufgaben wahrnehmen. Hervorzuheben sind

- der Rechtsberater, der den Kommandeur/Befehlshaber über alle einschlägigen Rechtsgebiete berät und ihn in Disziplinar-, Beschwerde- und Strafangelegenheiten unterstützt
- der Leiter der Abteilung Verwaltung, der zugleich Beauftragter für den Haushalt ist und den Kommandeur/Befehlshaber in allen Haushaltsangelegenheiten berät.

Schließlich gibt es Kommandobehörden und Stäbe, denen Militärgeistliche der evangelischen und katholischen Konfession zugeordnet sind.
Die Truppenverwaltung, die fachlich zur Bundeswehrverwaltung gehört, wird ausführlich in einem gesonderten Band dieser Reihe „Gesamtdarstellung der Bundeswehr" behandelt[2].

1.6 Organisationsgrundlagen

Damit eine Großorganisation wie die Bundeswehr zweckmäßig geplant und organisiert, so rationell wie möglich ausgerüstet und mit größter Effektivität ausgebildet und geführt werden kann, ist es unentbehrlich, einheitliche und für alle verbindliche Organisationsgrundlagen für den gesamten Bereich festzulegen. Die Bundeswehr hat sich eine Anzahl solcher Organisationsmittel geschaffen.

Organisations-, Stärke- und Ausrüstungsnachweisung (OSTAN)

Die OSTAN liefert die organisatorischen Daten für alle Bundeswehrplanungen. Durch sie werden die Personalstärken der einzelnen Dienststellen der Streitkräfte im Frieden und für einen Verteidigungsfall festgelegt. Die Friedens-Personalstellen aller OSTAN entsprechen in der Summe und in den Dotierungen den im Haushaltsplan des Bundes genehmigten Stellen. Die Personalstärken und die materielle Ausrüstung sollen im Frieden durch die Festlegung in der OSTAN so angeglichen sein, daß die Truppe nicht mehr Geräte im Gebrauch hat, als sie personell bewältigen kann.
In der OSTAN finden die Eigenarten von Dienststellen der Streitkräfte hinsichtlich ihrer

- Aufgaben
- Gliederung und
- personellen Ausrüstung

ihren Ausdruck. Diese Organisationsgrundlage soll die Basis sein für:

- Personalplanung
- Ausbildungsplanung

2) Band 9 dieser Reihe: „Bundeswehrverwaltung und Streitkräfte"

- Materialplanung
- Infrastrukturplanung und
- Haushaltsforderung

Organisationspläne

Sie sind Bilder von Organisationsbereichen und -teilbereichen. Die Bundeswehr benutzt solche Pläne, um Gliederungen von Organisationsbereichen/-teilbereichen nach Art und Benennung, sowie die Unterstellungsverhältnisse und die Zahl und Arten der Zusammenarbeit der Glieder eines Bereiches bildlich darzustellen.
In diesen Plänen werden die Glieder, das sind Dienststellen und Einrichtungen, ggf. auch Gliederungselemente von Dienststellen, als Vierecke und Kreise gezeichnet. Die Unterstellungen werden durch Linien und gestrichelte Linien, die Verhältnisse der Zusammenarbeit durch Pfeile/Doppelpfeile dargestellt.
In der Bundeswehr haben sich zwei Arten der Zeichnung von Organisationsplänen herausgebildet und werden im allgemeinen angewandt. Mit der einen werden insbesondere die hierarchischen Formen der Unterstellungen dargestellt. (Beispiel: OSTAN-Teil II beim Heer: Gliederungsbild). Die andere Art gibt insbesondere die Formen der Zusammenarbeit der Gliederungselemente wieder und weist auf bestimmte Entscheidungsgremien hin (Beispiel: Darstellung der Gliederung des Verteidigungsministeriums in den Weißbüchern).

Dienstanweisungen

Die Dienstanweisung ist eines der wichtigsten Mittel in der militärischen Organisation, um Aufgaben und Befugnisse von Soldaten zu regeln. Sie enthält Befehle und Richtlinien.
Es gibt Dienstanweisungen für bestimmte Dienststellungen (z.B. Bataillonskommandeur, Chef eines Divisionsstabes) und für bestimmte Tätigkeiten (z.B. für den Offizier vom Dienst, den Wachhabenden).
Dienstanweisungen werden erlassen von

- Führungsstäben im BMVg für bestimmte Dienststellungen
- unmittelbar dem BMVg nachgeordneten Kommandobehörden für bestimmte Tätigkeiten von grundsätzlicher Bedeutung
- Truppenteilen in der Größenordnung eines Bataillons an aufwärts und entsprechenden Dienststellen für bestimmte Tätigkeiten.

Die gleiche Regelung gilt auch für Änderungen solcher Dienstanweisungen.
Der allgemeine Rahmen von Dienstanweisungen für die Streitkräfte ist durch einen Erlaß geregelt. Zuerst wird die Funktion des Soldaten angegeben: „Dienstanweisung für den (z.B.) Divisionskommandeur". Danach wird in der Reihenfolge aufgeführt:

1. Bezeichnung der Dienststellung und Dienststelle
2. Unterstellung
3. Aufgaben
4. Disziplinargewalt, Zeichnungsrecht, Stellvertretung
5. Besonderheiten und Übergangsregelungen.

Dienstanweisungen für bestimmte Tätigkeiten umschreiben regelmäßig nicht den gesamten Dienst eines Soldaten, sondern nur einzelne Funktionen. Bei solchen Dienstanweisungen entfällt der Hinweis auf Disziplinarbefugnisse.

Sonstige Organisationsmittel

Die Arbeiten der Bundeswehrplanung, der Bundeswehrorganisation aber auch die Überlegungen des Haushalts basieren auf Daten, die bundeswehreinheitlich angewendet werden müssen. Hierfür wurde eine große Anzahl von Organisationsmitteln (Systematiken) festgelegt und bestimmt.
Jeder Dienststellenleiter, Einheitsführer, Kommandeur usw. in der Bundeswehr muß ein Mindestwissen über die vorhandenen Organisationsmittel, die Systematiken und sogenannten Bundeswehrschlüssel besitzen. Es werden als Beispiel nur einige dieser Bundeswehr-Systematiken genannt:

- Bundeswehrschlüssel für Dienstgrad-, Amts- und Dienstbezeichnungen
- Bundeswehrschlüssel für Waffengattungen, Dienstbereiche und Dienstzweige der Soldaten
- Ausbildungs- und Tätigkeitsnummern (ATN)
- Bundeswehrschlüssel der Registriernummern für Ausbildungsmaterial
- Materialhauptkatalog

Die Benutzung von Daten aller Art wird erst sinnvoll und zweckmäßig, wenn es gelingt, diese Daten auf dem neuesten Stand zu halten. Die vom Bundesminister der Verteidigung angeordneten Meldesysteme auf den Führungsgrund- und Sachgebieten regeln das Veränderungswesen.

2 Der historische Standort der deutschen Streitkräfte

2.1 Allgemeines

Die Streitkräfte der Bundesrepublik Deutschland sind zur Zeit das letzte Glied in einer langen Kette der deutschen Soldatengeschichte. Aber die Bundeswehr ist etwas Neues und Anderes als ihre Vorgänger. Beide Aussagen bilden keinen Widerspruch.

Soldatentum hat bei den Deutschen eine genau so lange Geschichte wie bei anderen europäischen Völkern. Seine Wurzeln lassen sich bis ins Mittelalter zurückverfolgen. Es gibt in dieser Geschichte Höhen und Tiefen, Anerkennenswertes und Verabscheuungswürdiges - wie auch in der Geschichte der anderen europäischen Soldaten. Wer sich auf deutsches Soldatentum beruft, muß alle Seiten berücksichtigen. Aber jede Generation von Soldaten sollte wissen, worauf sie gründet, um Fehlurteile und Mißverständnisse zu vermeiden und nicht Verfälschungen der eigenen Geschichte zu erliegen.

Die Kenntnis seines Ursprunges ist für den Menschen eine Notwendigkeit. Darum muß der Soldat, der in der Bundeswehr verantwortlich handelt, auch mit der Geschichte deutschen Soldatentums vertraut sein. Wie soll sonst notwendig Neues entstehen können, ohne daß es in gewachsene Strukturen harmonisch eingefügt wird? Die Bundeswehr, die vom Bild des mündigen Bürgers und Soldaten ausgeht, muß vom Soldaten fordern, daß er seine wesenseigentümliche Vergangenheit kennt.

Deutsches Soldatentum läßt sich jedoch nicht in Bildern, Emblemen und Museumsstücken darstellen. Manche Bürger glauben, daß ein Zurschaustellen von Erinnerungsstücken der Vergangenheit ein Geschichtsbewußtsein ersetzen kann. Manch einer geht sogar soweit zu behaupten, daß dies soldatische Traditionspflege sei.

Bei vielen Deutschen ist das Bewußtsein für die eigene Geschichte verschwunden oder sie schieben jeden tieferen Gedanken gegenüber der jüngeren deutschen Geschichte wegen ihrer Schamgefühle fort. Solche Denkweisen erlauben nicht, ein Urteil über Vergangenes zu fällen; sie schützen nicht davor, in bestimmte ideologische Kategorien gedrängt zu werden.

Eine Antwort auf die Frage nach dem Standort dieser deutschen Streitkräfte kann nur in der eigenen Geschichte gefunden werden. Dazu gehören sicherlich noch zwei weitere Fragen: Was ist eigentlich Soldatentum? Ist das, was man eventuell darunter zu verstehen hat, noch etwas, das in das Normalitäts-Verständnis unserer Industriegesellschaft hineinpaßt?

2.2 Soldatentum

Soldatentum oder das Soldatenwesen bezeichnet die Gesamtheit der Streitkräfte eines Staates bezogen auf die Menschen, die in diesen unter soldatischen Gesetzen stehen.

Ist Soldatentum in verschiedenen Nationen und Gesellschaftsformen etwas jeweilig Anderes oder gibt es Gemeinsames, das über die Zeiträume hinweg oder sogar für dauernd besteht? Diese Frage kann trotz der - nicht nur modernen - Versuche der Diffamierung von Soldaten so beantwortet werden, daß im Soldatentum ein Anspruch, ein Wollen und ein Handeln steckt, das bei allen Nationen und auch in unserer Zeit Gültigkeit besitzt. Wenn die Forderungen des deutschen Soldatengesetzes auf einen kurzen Nenner gebracht werden, so muß es heißen:

> *Soldat sein bedeutet, zu dienen und dabei treu und zuverlässig sowie gehorsam und tapfer zu sein.*

Diese Forderungen werden seit eh und je an die Soldaten gestellt - an die Soldaten aller Nationen. Trotz aller Technik moderner Streitkräfte werden nur solche Armeen einen möglichen Verteidigungsfall durchstehen können, bei denen diese soldatischen Tugenden erhalten bleiben. Für die Richtigkeit dieser Behauptung gibt es sowohl im positiven wie im negativen Sinne gerade in unserem Jahrhundert genügend Beispiele.
Der verstorbene Generalinspekteur der Bundeswehr, Admiral Zimmermann, stellte dem Soldaten der Bundeswehr zwei konkrete Ziele:

1. Der Soldat hat ein Kämpfer zu sein.
2. Der Soldat soll dem Frieden dienen.

Auch diese beiden Aussagen kennzeichnen das, was unter Soldatentum verstanden werden muß. Es sollte ein jeder Bürger wissen, daß der Dienst für den Frieden dem Begriff des Kämpfers nicht widerspricht und umgekehrt. Kämpfen können muß in modernen Streitkräften gelernt sein und der Soldat wird hierfür ausgebildet. Nur wer kämpfen kann, ist in der Lage, glaubhaft abzuschrecken und damit den Frieden erhalten zu helfen.
Für die soldatischen Tugenden findet der Soldat der Bundeswehr Vorbilder in der deutschen Geschichte. Darum soll er diese kennen. Da Soldatentum, wie wir feststellten, bei allen Nationen existiert, gibt es soldatische Vorbilder auch bei den anderen Völkern, z.B. bei den Franzosen, den Engländern, den Russen. Soldaten dieser Völker lernen selbstverständlich ihre Soldatengeschichte kennen.

2.3 Der Soldat in der Industriegesellschaft

Die andere Frage, ob Soldatentum in das Normalitäts-Verständnis unserer Industriegesellschaft paßt, ist sicherlich schwerer zu beantworten.
Die Antriebe der breiten Masse in dieser Gesellschaft sind gewöhnlich andere als die der Menschen, die im soldatischen Bereich ihre Aufgabe erfüllen.
Die Industriegesellschaft westlicher Prägung ist in erster Linie auf den ökonomischen Erfolg ausgerichtet. Ihr besonderes Merkmal ist ihre arbeitsteilige Verästelung, die zu immer weiterer Spezialisierung führt. Letzterem sind auch die Streitkräfte dieser Gesellschaftsform gefolgt. So läßt sich eine moderne Division in der

Vielfalt ihrer Spezialaufgaben überhaupt nicht mehr mit einer Division z.B. des ersten Weltkrieges vergleichen. In ihren Zielen dagegen unterscheiden sich diese Gesellschaft und ihre Streitkräfte erheblich.

Während „die Gesellschaft" das Zufriedensein und den Vorteil jedes Einzelnen proklamiert, sind „die Streitkräfte" darauf ausgerichtet, die Gemeinschaft - das sind vom Soldaten aus betrachtet: Die Anderen -, gegebenenfalls sogar unter Opferung des eigenen Lebens, erhalten zu helfen.

Jede Gesellschaft wird sich bemühen müssen, zwischen den Interessen des Einzelnen und dem Gemeinwohl einen Ausgleich herzustellen. Das deutsche Grundgesetz erfüllt diese Forderung weitgehend. Es gewährt dem Einzelnen den Raum, den er benötigt, um sich frei entfalten zu können, und weist darüber hinaus allen Bürgern die Aufgabe zu, diese Lebensordnung gemeinsam zu schützen.

Im täglichen Leben führt die fortschreitende Spezialisierung zu Gruppenbildungen und damit zwangsläufig sowohl zu Problemen des Abstandes untereinander als auch zu Versuchen, die Interessen der eigenen Gruppe gegen die der anderen mit allen möglichen Mitteln durchzusetzen. Das ist in einer freiheitlichen Gesellschaft legitim. Es führt aber leicht zu Überspitzungen, wenn die Interessen der eigenen Gruppe oder die des Einzelnen zu sehr in den Vordergrund geschoben werden.

Aufgabe und Ziel der Soldaten soll der Schutz der Gesamtheit und darf nicht die Wahrnehmung gruppeneigener Interessen sein. (Die Bildung des Deutschen Bundeswehr-Verbandes als einer Interessenvertretung der Soldaten zeigt, daß auch die Soldaten sich in Wahrnehmung ihrer Gruppeninteressen den Spielregeln dieser Gesellschaft anpassen).

Verschiedene Voraussetzungen, andere Notwendigkeiten und ein Auftrag, der auf die Gesamt-Nation ausgerichtet ist, führen zwangsläufig zu einer unterschiedlichen Interessenlage gegenüber den anderen Gesellschaftsgruppen. Das ist das Problem, vor dem das Soldatentum in der Industriegesellschaft steht - wobei sicherlich manche andere Gruppe vergleichbare Probleme hat.

Mangelnde Kenntnis der Gegebenheiten bei den vielfältigen Gruppen kann leicht zu Mißverständnissen untereinander führen. Darum ist es notwendig, daß jeder Teil der Gesellschaft sich bemüht, den anderen besser kennen zu lernen und versucht, Verständnis für dessen Besonderheiten und Gesetzmäßigkeiten, nach denen er lebt, aufzubringen.

Moderne Sicherheitspolitik und die damit zusammenhängenden Fragen der Landesverteidigung sind nicht leicht verständlich. Darum sollten alle Menschen dieser Gesellschaft sich mehr um Verständnis für die Probleme der Verteidigung bemühen. Nur dann können Streitkräfte als notwendig erkannter Teil dieser Gesellschaft voll integriert werden.

Im soldatischen Bereich müssen egoistische Antriebe mehr als in anderen Bereichen versagt werden; auch solche, die das Interesse der eigenen Gruppe über das der anderen stellen. Insofern kann der Bürger den Soldaten sehr leicht als ungewöhnlich empfinden. Jedoch muß auch in dieser Gesellschaft gelten, daß die Existenz der Gesamtheit - bei Beachtung aller Rechte des Einzelnen - nur möglich ist, wenn jeder bereit ist, sich für die Erhaltung der Gesamtheit einzusetzen, gegebenenfalls auch unter Opfern. Insoweit ist Soldatentum als Auftrag eine notwendige und damit die andere Seite unserer Industriegesellschaft.

Es sollte erkannt werden, daß der Soldat unter teilweise anderen Gesetzen steht als die Angehörigen der übrigen Gruppen dieser Gesellschaft. Da ist zum einen die Forderung nach Gehorsam gegenüber Befehlen, weil im Einsatz nicht mehr darüber diskutiert werden kann, ob es besser ist, „rechts herum oder links herum voranzugehen“. Und da ist in einem Verteidigungsfall die Notwendigkeit, den Auftrag zu erfüllen, auch wenn dabei das eigene Leben eingesetzt werden muß.

3 Das Heer

3.1 Auftrag und Gliederung der Landstreitkräfte

Beim militärischen Auftrag wird von der möglichen oder tatsächlichen Bedrohung gegen ein zu schützendes Objekt ausgegangen. Ist das Objekt „der Staat“, so sind auch in diesem Fall alle Eventualitäten einer Bedrohung zu untersuchen und abzuschätzen.

Die Bundesrepublik Deutschland hat im Vergleich zu ihrem Vorgängerstaat, dem Deutschen Reich, einige militärpolitische Vorteile zu verzeichnen, die augenscheinlich sind. Sie ist fest in ein Bündnis westlicher Nationen beiderseitig des Atlantik eingebunden. An ihrer Westgrenze, aber auch an ihrer Nord- und - abgesehen von der neutralen Schweiz - an ihrer Südgrenze befinden sich verbündete Staaten, mit denen eine kriegerische Auseinandersetzung undenkbar geworden ist. Diese Anrainerstaaten stehen in einer politischen gesamteuropäischen Vereinigung mit der Bundesrepublik.

Schwierigkeiten und Differenzen in Anschauungen und Politik gibt es gegenüber den angrenzenden Staaten im Osten Europas. Nur von dort kann - auf überschaubare Zeit - überhaupt eine Bedrohung kommen. Während also das Deutsche Reich sich stets bei einer militärischen Auseinandersetzung - soweit es nicht gelang, Verbündete zu bekommen - sehr schnell einem Mehrfrontenkrieg gegenübersah, droht der Bundesrepublik Deutschland bei einer denkbaren Erpressung mit militärischen Mitteln konventioneller Art nur eine Front. Das ist ein Vorteil.

In einem derartigen Fall hätte die Bundesrepublik Deutschland eine lange Landfront; nur im Norden grenzt sie mit einem schmalen Küstenstreifen an Ausgänge zum offenen Meer.

Die Streitkräfte der Bundesrepublik Deutschland haben sich daher mit Schwerpunkt auf die Verteidigung zu Lande einzurichten. Deshalb nehmen die Landstreitkräfte - das Heer - etwa zwei Drittel der Kapazität der Gesamtstreitkräfte ein. Im Verteidigungsfall stiege das Verhältnis durch Einbeziehung mob-beorderter Soldaten noch erheblich weiter zu Gunsten des Heeres.

Aufgabe des Heeres ist es - im Rahmen des NATO-Bündnisses, das heißt in enger Zusammenarbeit mit den Verbänden der NATO-Partner - bei einem Angriff gegen das Territorium der Bundesrepublik Deutschland den Angreifer zu Land aufzufangen, sein tieferes Eindringen in den Raum der Bundesrepublik zu verhindern, eingedrungene feindliche Verbände zu zerschlagen und den Rest über die Grenzen der Bundesrepublik wieder zurückzuwerfen, um so die Bevölkerung zu schützen und die Integrität unseres Staates wiederherzustellen.

Um von vornherein solch' einen Angriff möglichst zu verhindern, werden im Frieden Verbände unter Waffen gehalten - sogenannte „präsente Kräfte“. Jeder mögliche Gegner soll hierdurch abgeschreckt werden, angreifen zu wollen. Abschrekkung ist der oberste Auftrag der deutschen Streitkräfte.

Im Verfolg dieses Auftrages ist das Heer wie folgt (s. Tafel 1) gegliedert:

- das Feldheer
- das Territorialheer
- der Bereich des Heeresamtes.

3.2 Truppengattungen

Moderne Landstreitkräfte haben vielfältige Aufgaben. Um diesen nachkommen zu können, wird das Heer in Truppengattungen geteilt. Es sind dies die

- Führungstruppen
- Kampftruppen
- Kampfunterstützungstruppen
- Heeresfliegertruppe
- Technische Truppen.

Durch die Einteilung nach Truppengattungen sollen Soldaten gliederungsmäßig zusammengefaßt werden, die gemeinsame Aufgaben und gemeinsame Kampf- und Einsatzweisen haben. Im übertragenen Sinne kann eine Truppengattungsbezeichnung als eine „Berufsgruppe" im Heer bezeichnet werden.
Die Angehörigen einer Truppengattung werden für ihre jeweils entsprechende Aufgabe ausgebildet. So sollen z.B. die Soldaten der Kampftruppen den Kampf führen können. Dabei kann der Kampf von Panzergrenadieren infanteristisch und von Panzersoldaten als Panzerkampf ausgeübt werden.
Seit 1974 gibt es im Heer eine Heeresdienstvorschrift (HDV 900/400), die „Ausbildungs- und Verwendungskatalog des Heeres (AVK-H)" heißt. In dieser sind sämtliche Ausbildungs- und Verwendungsmöglichkeiten für die Soldaten des Heeres umfassend dargestellt.

3.2.1 Führungstruppen

Die Führungstruppen sollen den militärischen Führern die Führung der Heeresverbände ermöglichen. Sie werden eingeteilt in

- Fernmeldetruppe
- Feldjäger
- Psychologische Verteidigungs(PSV)-Truppe

Die *Fernmeldetruppe* liefert der Führung durch Fernmeldeaufklärung und durch elektronische Aufklärung Unterlagen über den Gegner. Sie ermöglicht durch Aufbau und Betrieb von Fernmeldeverbindungen in den Fachgebieten Draht, Übertragungstechnik, Richtverbindung und Funk die Übermittlung von Befehlen und Meldungen.
Darüberhinaus errichten und betreiben bodenständige Fernmeldedienste ortsfeste Fernmeldeanlagen.
Elektronische Kampfführung gestattet, den Feind zu stören und zu täuschen.

Gliederung des Heeres

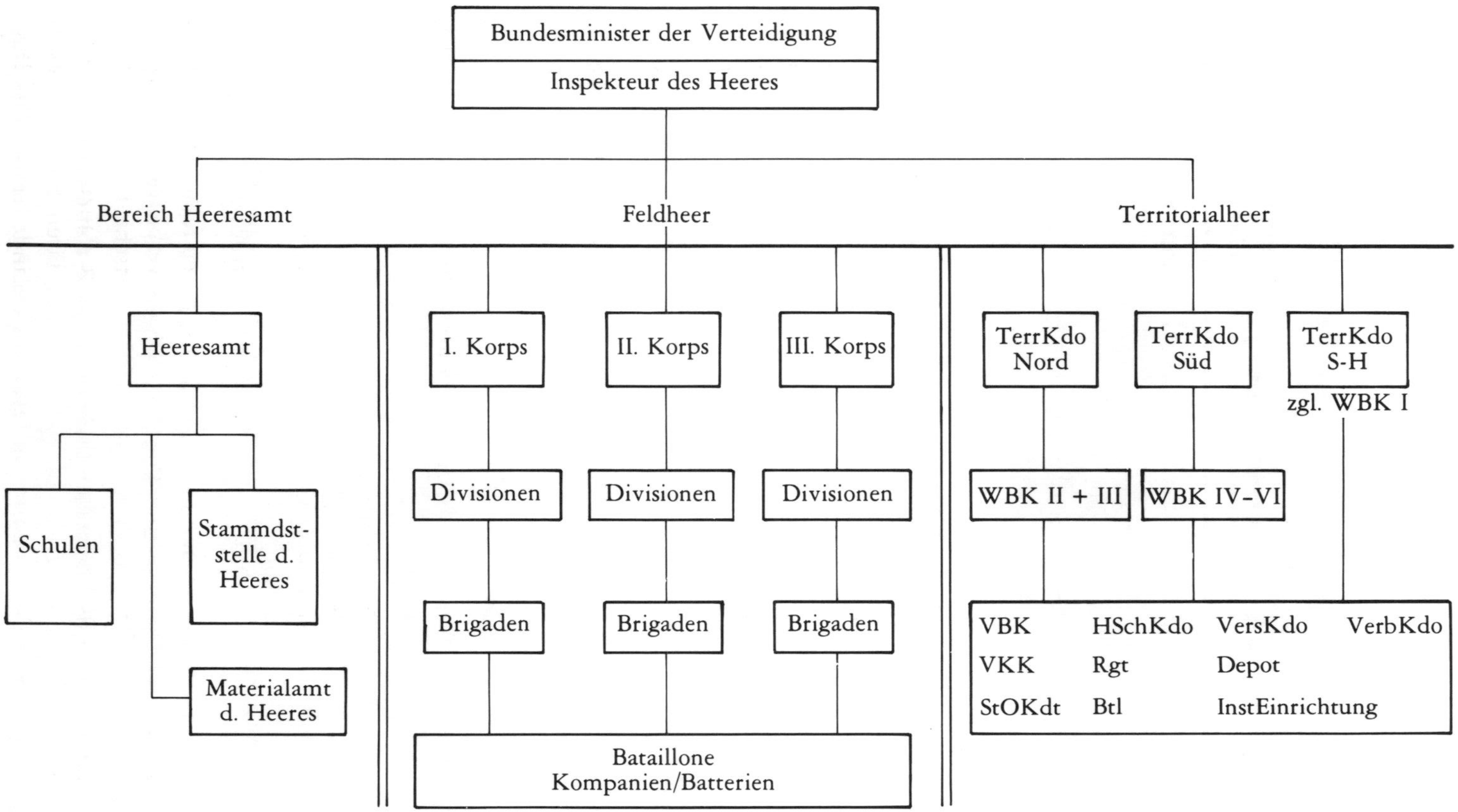

Tafel 1

Die *Feldjäger* werden im militärischen Ordnungsdienst eingesetzt, um Disziplin und Ordnung aufrechtzuerhalten. Sie überwachen und regeln – in enger Zusammenarbeit mit den zivilen Verkehrsorganen – den Verkehr im Rahmen des militärischen Verkehrsdienstes. Weiterhin wirken sie bei Maßnahmen für die militärische Sicherheit mit.
Die *PSV-Truppe* führt psychologische Operationen durch und wirkt dadurch auf das Verhalten und die Einstellung des Feindes ein. Im eigenen Bereich soll sie – in enger Zusammenarbeit mit und zur Unterstützung von zivilen Stellen und Behörden – durch psychologische Konsolidierung auf die Bevölkerung im Sinne der Verteidigungsmaßnahmen einwirken.

3.2.2 Kampftruppen

Die Kampftruppen bilden den Kern des Heeres. Alle anderen Truppengattungen haben den Auftrag, sie zu unterstützen, damit der Kampf durch sie geführt werden kann.
Moderne Landstreitkräfte sind mechanisiert, gepanzert, hoch beweglich und besitzen eine sehr starke Feuerkraft. Die NATO-Landstreitkräfte und damit das deutsche Heer haben sich darauf eingestellt, einen quantitativ überlegenen Gegner gegebenenfalls auffangen zu müssen. Die Art dieser Überlegenheit besteht insbesondere in der Zahl gepanzerter Truppen. Das Heer berücksichtigt in seinen Kampftruppen daher besonders die Fähigkeit zur Panzerabwehr. Alle Teile der Kampftruppen sind sehr stark mit Panzer-Abwehr-Waffen ausgerüstet.
Auch für die Zukunft liegt der Schwerpunkt des Heeres bei der Ausrüstung mit modernen Waffen weiterhin in der Komplettierung von Panzer-Abwehr-Waffen aller Art, um dem kämpfenden Soldaten auf diesem Sektor die volle Überlegenheit zu erhalten. Dies gilt sowohl für die gepanzerten als auch für die ungepanzerten Kampftruppen.
Die Kampftruppen umfassen die

- Panzertruppe
- Panzeraufklärungstruppe
- Panzerjägertruppe
- Panzergrenadiertruppe
- Jäger- und Gebirgsjägertruppe
- Luftlandetruppen
- Sicherungs- bzw. Heimatschutztruppen

Die *Panzertruppe* ist – noch immer – die Hauptwaffe gegen feindliche Panzerkräfte. Ihre Stärke liegt darin, daß sie die gegnerischen Panzerverbände nicht nur abwehren, sondern auch angriffsweise fassen kann. Der deutsche Panzer zeichnet sich durch hohe Beweglichkeit, große Feuerkraft und starke Panzerung aus.
Panzeraufklärer haben die Aufgabe, auf der Erde aufzuklären. Sie sollen feststellen, wo sich der Feind tatsächlich befindet und welches Gelände feindfrei ist. Ihre Pan-

zerfahrzeuge sind für eine weiträumige Aufklärung geeignet. Ein besonderes Merkmal der Panzeraufklärer ist ihre Ausstattung mit weitreichenden Fernmeldemitteln.

Panzerjäger kämpfen mit Kanonen- und Raketenjagdpanzern. Sie bilden den Schwerpunkt der Panzerabwehr für Panzergrenadiere und Jäger. Panzerjäger können auch gegen ungepanzerten Feind in Feldstellungen mit Vorteil eingesetzt werden.

Die Raketenjagdpanzer sind auf Grund ihrer hohen Schußentfernungen in der Lage, schon auf weite Entfernungen den Kampf gegen feindliche Panzer aufnehmen zu können.

Panzergrenadiere bekämpfen die feindliche Infanterie. Wo immer möglich, wirken sie mit der Panzertruppe zusammen. Der schnelle Wechsel zwischen auf- und abgesessen geführtem Kampf ist die Stärke der Panzergrenadiere. Im abgesessen geführten Kampf werden sie durch das Feuer der Bordwaffen ihrer Schützenpanzer unterstützt.

Jäger und Gebirgsjäger eignen sich besonders zum Kampf in Wäldern und Ortschaften, im Bergland, im Kampf um Gewässer sowie bei Nacht und schlechter Sicht. Der Gebirgsjäger wird dazu besonders für den Kampf im Hochgebirge ausgebildet.

Luftlandetruppen werden durch Sprungeinsatz und Luftlandung in das Kampfgebiet hineingebracht. Dort kämpfen sie aufgrund ihrer besonderen Ausbildung und Ausrüstung im allgemeinen wie Jäger.

Sicherungstruppen gehören fast ausschließlich dem Territorialheer an. Sie werden sowohl zum Schutz wichtiger Objekte als auch im Raumschutz eingesetzt. Ein besonderer Vorteil dieser Truppengattung ist ihre genaue Kenntnis der Schutzobjekte und -räume, die vorwiegend im rückwärtigen Kampfgebiet liegen. Es ist beabsichtigt, diese Truppen, bis auf die selbständigen Wach- und Sicherungszüge, in Zukunft Heimatschutztruppen zu benennen.

Alle Kampffahrzeuge der deutschen Kampftruppen gehören zu einer sogenannten Panzerfamilie. Das bedeutet, daß sie in ihrer Geschwindigkeit und in bestimmten technischen Faktoren aufeinander abgestimmt sind. Sie schützen die Kampfbesatzung weitgehend gegen die Wirkungen atomarer und chemischer Kampfmittel.

3.2.3 Kampfunterstützungstruppen

Alle Truppen, welche die Kampftruppen durch Feuer, in ihren Bewegungen und in der Abwehr von ABC-Kampfmitteln unterstützen, sind in den Kampfunterstützungstruppen zusammengefaßt. Es sind dies die

- Artillerietruppe
- Pioniertruppe
- Heeresflugabwehrtruppe
- ABC-Abwehrtruppe
- Topographietruppe.

Die *Artillerietruppe* ist die Truppengattung, mit deren Einsatz der Truppenführer unmittelbar das Gefecht beeinflußt. Sie ist der Hauptträger des Feuerkampfes und wirkt daher oft entscheidend.

Die Artillerietruppe ist mit Geschützen und Raketenwerfern verschiedener Kaliber und Reichweiten ausgestattet. Wir unterscheiden die Panzerartillerie, die Feldartillerie und die Raketenartillerie.

In der aufklärenden Artillerie besitzt die Artillerietruppe ihre eigenen Aufklärungsmittel. Diese überwacht mit technischen Systemen und mit unbemannten Lenkflugkörpern das Gefechtsfeld und liefert damit wesentliche Unterlagen über das Feindbild, auch in der Tiefe des gegnerischen Kampfraumes.

Die *Pioniertruppe* unterstützt durch vielfältige Arbeiten alle anderen Truppengattungen. Oft macht sie Bewegungen der eigenen Truppe erst möglich und verhindert die des Feindes. Sie ist in der Lage, in größerem Umfang Tarn- und Täuschungsmaßnahmen durchzuführen.

Entsprechend der Vielzahl ihrer Aufgaben ist die Pioniertruppe unterschiedlich ausgerüstet und damit gegliedert. Panzerpioniere unterstützen die kämpfende Truppe auf dem Gefechtsfeld. Schwere Pioniere werden für schwierige Aufgaben vorgesehen. Spezialpioniere erledigen besondere technische Aufgaben, die meist außerhalb des Gefechtsfeldes liegen.

Die *Heeresflugabwehrtruppe* schützt die operierenden Heeresverbände gegen Aufklärung und Angriffe aus der Luft. Sie begleitet die sich bewegenden und kämpfenden Verbände und ist nicht an feste Objekte gebunden. Hinsichtlich der Feuerregelung ist die Heeresflugabwehrtruppe auch an die Weisungen des zuständigen Befehlshabers der Luftverteidigung gebunden. Durch ihre Verbindungen zu den Führungseinrichtungen der Luftwaffe kann sie den Truppenführer ständig über die Großluftlage unterrichten. Die Heeresflugabwehrtruppe kann in Krisenlagen zusätzlich im Erdkampf eingesetzt werden.

Die *ABC-Abwehrtruppe* unterstützt alle Truppen in der ABC-Abwehr. Sie klärt auf und wirkt bei Entstrahlung, Entseuchung und Entgiftung mit. Die ABC-Abwehrtruppe baut eine ABC-Melde- und Warnorganisation auf, unterhält diese und schafft damit die Möglichkeit für die Führung, anfallende Indikatoren auszuwerten. Sie arbeitet eng mit dem zivilen Bevölkerungsschutz zusammen.

Die *Topographietruppe* unterstützt Führung und Truppe mit militärgeographischen Unterlagen insbesondere mit Karten. Sie schafft die Vermessungsgrundlagen für den Feuerkampf der schweren Waffen.

3.2.4 Heeresfliegertruppe

Die Heeresfliegertruppe ermöglicht dem Heer die Nutzung der dritten Dimension für Zwecke des Landkrieges.

Heeresflieger transportieren Truppen, Material und Verwundete. Sie erfüllen wichtige Verbindungs- und Überwachungsaufgaben. Durch Beobachtung aus der Luft

ergänzen sie die Erdaufklärung. Heeresflieger ermöglichen - besonders im beweglich geführten Gefecht - die Führung aus der Luft.
In einem überschaubaren Zeitraum wird das Heer mit Kampfhubschraubern ausgestattet. Damit wird es möglich, den Abwehrkampf gegen feindliche Panzerverbände zusätzlich mit luftbeweglichem Feuer zu verstärken.

3.2.5 Technische Truppen

Die Technischen Truppen führen die Versorgung des Heeres durch. Sie bestehen aus der

- Instandsetzungstruppe
- Nachschubtruppe

Die *Instandsetzungstruppe* des Heeres führt im Rahmen der Materialerhaltung die Feldinstandsetzung durch. Unter Feldinstandsetzung werden die Erhaltungsarbeiten am Material verstanden, die von der Truppe - also: im Feld - durchgeführt werden.
Die *Nachschubtruppe* betreibt die Materialbewirtschaftung. Sie ist für die Bereitstellung, den Umschlag und den Transport der benötigten Versorgungsgüter verantwortlich.

3.2.6 Sanitätstruppe

Außerhalb des Organisationsbereiches der Zentralen Sanitätsdienststellen der Bundeswehr gibt es die Sanitätstruppe im Heer. Sie hat die Aufgabe, die ärztliche und pflegerische Hilfe an Kranken, Verletzten und Verwundeten des Heeres durchzuführen. Es gibt Sanitätsverbände und Sanitätseinheiten.
Die Sanitätstruppe versorgt darüberhinaus die Truppen des Heeres mit Sanitätsmaterial.

3.2.7 Militärmusikdienst

Der Militärmusikdienst wird einheitlich vom Streitkräfteamt her gesteuert. Das Heer stellt dreizehn Musikkorps, die in der Regel jeweils einer Division angehören.

3.3 Das Feldheer

Das Feldheer hat eine in hundert Jahren gewachsene und erprobte Organisation. Alle modernen Heere in West und Ost besitzen entsprechende Organisationsformen.
Die unterste Dienststelle im Heer ist die *Kompanie*. In bestimmten Truppengattungen heißen diese Dienststellen *Batterie* (bei der Artillerie und der Heeresflugabwehrtruppe) oder auch *Staffel* (bei der Heeresfliegertruppe). Organisatorisch werden diese Dienststellen auch als „Einheit" bezeichnet.
Einheiten werden in Teileinheiten gegliedert, z.B. in Züge, Gruppen usw.

Die Kompanien und entsprechenden Einheiten besitzen unterschiedliche Kopfstärken, die vom Auftrag, der Bewaffnung und der Ausrüstung bestimmt werden.

An der Spitze einer Kompanie steht der Kompaniechef. Er ist in der Regel ein Offizier im Dienstgrad eines Hauptmanns. Bestimmte Kompanien werden von Majoren geführt.

Die rechte Hand des Kompaniechefs und zugleich der Verantwortliche für Organisation, Verwaltung und Dienstablauf in der Kompanie ist der Kompaniefeldwebel im Dienstgrad eines Hauptfeldwebels.

Der Zug wird in der Regel von einem Offizier (Oberleutnant/Leutnant) oder älterem Unteroffizier (Oberfeldwebel/Feldwebel) geführt.

Die kleinste Teileinheit - Gruppe, Trupp usw. - führt in der Regel ein Stabsunteroffizier oder Unteroffizier.

Mehrere Kompanien - in der Zahl bei den einzelnen Truppengattungen zum Teil unterschiedlich - werden in einen Verband zusammengefaßt: dem *Bataillon.*

An der Spitze dieses kleinsten Verbandes im Heer steht der Bataillonskommandeur. Er ist in der Regel ein Offizier im Dienstgrad eines Oberstleutnants. Zur Bewältigung seiner Führungsaufgaben steht ihm ein Bataillonsstab zur Verfügung.

Im Bataillon werden Kompanien jeweils einer Truppengattung zusammengefaßt, die eine zum Teil unterschiedliche, aber sich ergänzende Bewaffnung und Ausrüstung haben.

Der nächstgrößere Verband ist das *Regiment.* In ihm werden Bataillone einer Truppengattung zusammengefaßt. Das Heer kennt diese Verbandsform z.B. bei der Fernmeldetruppe, der Artillerietruppe, der Pioniertruppe, der Technischen Truppe. Im Frieden bestehen teilweise nur reine Regimentsstäbe, denen im Verteidigungsfall Truppen für die Erledigung ihrer Aufgaben von Fall zu Fall unterstellt werden.

An der Spitze eines Regiments steht der Regimentskommandeur im Dienstgrad eines Oberst.

Der kleinste Großverband des Heeres, der sich aus verschiedenen Truppengattungen zusammensetzt, ist die *Brigade.* An der Spitze steht der Brigadekommandeur. Er ist ein Offizier im Dienstgrad eines Brigadegenerals oder eines Oberst. Der Brigade gehören Bataillone und selbständige Kompanien verschiedener Truppengattungen an. Je nach der Zusammensetzung wird sie als Panzergrenadier-, Jäger- oder Panzerbrigade bezeichnet. Daneben gibt es spezielle wie die Gebirgsjäger- und Luftlandebrigaden.

Mehrere Brigaden - in der Regel drei; es können aber auch mehr sein - werden zu einer *Division* zusammengefaßt. An der Spitze steht der Divisionskommandeur, ein Offizier im Dienstgrad eines Generalmajors. Neben den unterstellten Brigaden gehören als sogenannte Divisionstruppen noch Unterstützungs-, Spezial- und Versorgungstruppen organisch zur Division.

Auch bei den Divisionen wird nach der verschiedenartigen Zusammensetzung, also nach der Art der Bewaffnung und Ausrüstung, unterschieden zwischen:

- Panzerdivisionen
- Panzergrenadierdivisionen
- Jägerdivisionen
- Gebirgsdivision
- Luftlandedivision

Der größte Verband des deutschen Heeres ist das *Korps.* An seiner Spitze steht der Kommandierende General, ein Offizier im Dienstgrad eines Generalleutnants. Dem Korps kann eine unterschiedliche Zahl an Divisionen unterstellt werden. Daneben gehören organisch zu einem Korps bestimmte Korpstruppen.
Alle deutschen Korps unterstehen operativ integrierten Armeestäben bzw. Heeresgruppenstäben der NATO.
Brigaden, Divisionen und Korps werden organisatorisch als Großverbände, ihre Stäbe als Kommandos bezeichnet. Sie sind aufgrund ihrer Zusammensetzung, Bewaffnung und Ausrüstung befähigt, über einen längeren Zeitraum selbständig und unabhängig das Gefecht führen zu können. Korps und Divisionen sind in der Lage, Brigaden verschiedener Nationalität führen zu können. Alle Großverbände verfügen über zugeordnete Luftwaffenoffiziere, über welche die Verbindung zu den Luftstreitkräften gehalten wird.
Die enge Zusammenarbeit zwischen Heeresverbänden und Luftwaffenverbänden ist heute eine wesentliche Voraussetzung für Erfolge im Gefecht.

3.4 Überlegungen zu einer neuen Heeresstruktur

Schon wenige Jahre nach dem Beginn des Wiederaufbaus deutscher Streitkräfte war das Heer gezwungen, eine Umgliederung vorzunehmen. Die Brigade als kleinster Verband gemischter Waffen wurde entwickelt. Diese Umgliederung war Ende 1959 im wesentlichen abgeschlossen.
Die Einführung der neuen Organisationsform war insbesondere aufgrund der technischen Entwicklung aller Waffen nach dem 2. Weltkrieg notwendig geworden. Sie war gleichzeitig eine Antwort auf die Bedrohung, die die neu aufgekommenen taktischen Atomwaffen bedeuteten. Das Vorhandensein derartiger Waffen bei einem potentiellen Angreifer zwingt den Verteidiger, sich auf dem Gefechtsfeld noch mehr als bisher aufzulockern, um einem möglichen Vernichtungsschlag durch diese Waffen zu entgehen. Kleinere Verbände, mehr Auflockerung, größere Gefechtsgeschwindigkeit, flexiblere Führung; all dies gewährte die neue Organisationsform der deutschen Brigade.
Im deutschen Heer wird seit einigen Jahren eine weitere Umorganisation diskutiert und erprobt, die als „Heeresmodell 4" bekannt geworden ist. Warum sind nach etwa achtzehn Jahren wieder Überlegungen zu einer neuen Heeresstruktur notwendig?
Im europäischen Osten wird seit Jahren eine wachsende mechanisierte Kampfkraft aufgebaut. Sie erscheint allen Verbündeten in der NATO überdimensioniert, selbst wenn man Ängste der Vergangenheit als Anlaß für Sorgen im Osten unterstellt.

Die sowjetische Militärliteratur weist in neuerer Zeit auf die mögliche Nutzung dieses Potentials an mechanisierter Kampfkraft hin. Folgende Überlegungen schälen sich dabei heraus:
„Man will schnelle Angriffe starten, um die Verteidigungsvorbereitungen des angenommenen Gegners zu unterlaufen; dieser soll überrascht werden. Erfolge sollen durch Konzentration von Feuer und Stoßkraft an entscheidender Stelle sofort ausgenutzt werden. Durch schnelles Verlagern von Schwerpunkten sollen Angriffserfolge oder Schwächen in der gegnerischen Verteidigung zum Durchbruch genutzt werden. Weiträumige Stöße in die Tiefe des Gegners sollen den Zusammenhang seiner Verteidigung zerstören und seine Führungsorganisation zum Einsturz bringen."
Der Verteidiger – in diesem Fall insbesondere das Heer – muß sich somit darauf einstellen, den an bestimmten Stellen mit weit überlegenen Panzerkräften auftretenden Aggressor schnell und wirksam abwehren zu können.
Eine einfache Antwort wäre, den Rüstungswettlauf aufzunehmen, d.h. zu versuchen, im Frieden zahlenmäßig gleich starke Panzerkräfte präsent zu halten. Aus Gründen einer Sicherung des Friedens untersuchte man beim deutschen Heer weitere Möglichkeiten, in der Verteidigung das Problem der zahlenmäßigen Unterlegenheit an Panzern auszugleichen.
Als Ergebnis schälte sich folgendes heraus: Die Panzerabwehrkraft aller Kampfverbände des Heeres wird erheblich verstärkt werden. Außerdem soll die Fähigkeit des Heeres, eigene Kräfte gegenüber erkannten Angriffsschwerpunkten des Gegners noch schneller als bisher konzentrieren zu können, weiter gesteigert werden.
Die Bundesregierung hatte den Streitkräften gewisse Prämissen gesetzt, unter denen der Führungsstab des Heeres Überlegungen anstellte, Erprobungen durchführte, diese auswertete und einen Vorschlag für die Neugliederung vorlegte. Das oben genannte „Heeresmodell 4" ist der militärische Lösungsvorschlag.
Die neue Struktur sollte in den Brigaden Organisationselemente schaffen, die im schnell ablaufenden Gefecht leichter zu überschauen und effektiver zu führen sind. Die Kampfverbände und Kampfeinheiten sollten kleiner und wendiger werden. Es wurde überlegt, die Zahl der Kampfverbände in den Brigaden von drei auf vier zu erhöhen. Hiermit könnten die Brigaden schneller und einfacher auf den Gegner reagieren. Dazu wurde der Vorschlag gemacht, durch Verlagerung von Regiediensten von der Kompanie auf die Bataillonsebene die Einheitsführer von administrativen Aufgaben zu befreien.
Mit diesen organisatorischen Maßnahmen wollte das Heer die neu zulaufenden modernen Waffensysteme noch effektiver als bisher nutzen können. Dahinter steht die Überlegung, den Zuwachs an Kampfkraft voll in Gefechtswert umsetzen zu wollen. In Truppenversuchen wurden mehrere Modelle von alternativ gegliederten Kampfverbänden und Einheiten erprobt. Zuletzt wurde eine Gliederung festgelegt, die nach Ansicht des Heeres am besten im Rahmen aller von der Bundesregierung gesetzten Prämissen lag. An der Bündnisverpflichtung, der NATO 12 Divisionen mit 36 Brigaden zu stellen, wird selbstverständlich festgehalten.

Parallel zu diesen Verbesserungen im Feldheer sollte im Territorialheer eine längst notwendige Verstärkung der Kampfkraft der Heimatschutztruppe durch die weitere Mechanisierung ihrer Verbände erfolgen.
Der Verteidigungsminister Apel entschied im Juni 1978 nach ausführlichen Beratungen, daß das Heer seine Vorschläge noch einmal überarbeiten solle, da eine neue Struktur so nicht zu finanzieren sei. In dieser Hinsicht stand der militärische Vorschlag im Gegensatz zum Ausgangspunkt der Überlegungen vor Jahren, wonach mehr Verteidigungsfähigkeit ohne höhere Kosten zu schaffen sei.
Das Ziel einer Verbesserung der Heeresstruktur bleibt unverändert bestehen. Die geforderte höhere Kampfkraft soll in erster Linie durch die in den nächsten Jahren neu zulaufenden Waffensysteme aber auch durch kleinere und besser führbare Verbände und Einheiten erreicht werden. Im Schwerpunkt der neuen Struktur bleibt weiterhin die erhebliche Erweiterung der Panzerabwehrkraft des Heeres.
Noch im Jahr 1978 soll im Verteidigungsbereich über die künftige Struktur des Heeres eine Lösung gefunden werden. Dazu werden im Kabinett und im Verteidigungsausschuß des Deutschen Bundestages über diese für die Nation gegebenenfalls lebenswichtige Frage Beratungen stattfinden.
Politisch versucht die Bundesrepublik Deutschland auf dem eingeschlagenen Weg der Entspannung eine Verringerung des Übergewichts der Kräfte im Osten Europas zu erreichen. In Wien wird seit über 5 Jahren über einen Truppenabbau der Streitkräfte in Mitteleuropa und die Erreichung der Parität zwischen Ost und West verhandelt. Ziel des Westens ist hierbei, die Erlangung eines ungefähren Gleichstands der Truppenstärken beider Seiten, um damit die Gefahr von Überraschungsangriffen möglichst zu bannen.[2a)]

3.5 Das Territorialheer

Das Territorialheer ist der Teil des Heeres, der auch im Verteidigungsfall weiter in nationaler Verantwortung bleibt, also nicht NATO-Kommandobehörden unterstellt wird. Aufgabe des Territorialheeres ist es, die Operationsfreiheit für die NATO-Streitkräfte aufrecht zu erhalten, die auf dem Boden der Bundesrepublik Deutschland ihren Verteidigungsauftrag erfüllen sollen.
Das Territorialheer ist im Frieden überwiegend eine Organisation territorialer Dienststellen. Die Truppen dieses Heeresteiles sind in großem Umfang gekadert. Die territoriale Organisation ist der föderativen Ordnung der Bundesrepublik angeglichen. Die Grenzen der militärischen Dienststellen decken sich mit den Grenzen der Länder, Regierungsbezirke u.ä. sowie der Kreise. Dadurch ist es möglich, die Befehlshaber/Kommandeure des Territorialheeres in den Problemen der Landesverteidigung als Mittler zwischen den genannten zivilen Organisationsbereichen und den Kommandostäben der NATO-Streitkräfte - einschließlich der assignierten deutschen - einzusetzen.

2a) Die neue Struktur des Heeres, die Ende Oktober 1978 vom Verteidigungsminister Apel entschieden wurde, wird in der Anlage 9 beschrieben.

In einem Verteidigungsfall fungieren diese deutschen Befehlshaber und Kommandeure außerdem als „Rückwärtige Befehlshaber". Sie haben in dem Raum der Bundesrepublik Deutschland, der westlich der rückwärtigen Korpsgrenzen der NATO-Truppen liegt, die Befehlsgewalt. Ihre Aufgaben, Rechte und Pflichten sind in Vereinbarungen zwischen der Bundesrepublik Deutschland und der NATO festgelegt.
Im Rahmen dieser grundsätzlichen Aufgaben sind durch das Territorialheer in einem Verteidigungsfall folgende Einzelaufgaben zu erfüllen und dazu im Frieden zu planen, abzustimmen und zu regeln:

- Sicherungsaufgaben im Objekt- und Raumschutz vorwiegend in der sog. rückwärtigen Kampfzone
- Bereitstellen und auf Anforderung Zuführen von Personalersatz und Versorgungsgütern für die deutschen Truppen
- Militärische Verkehrsführung
- Militärischer Ordnungsdienst
- Unterhalten und Betreiben der stationären Fernmeldeverbindungen der Bundeswehr
- Enge Zusammenarbeit mit allen zivilen Behörden in den verschiedenen Ebenen auf dem Sektor der zivilen Verteidigung zum Schutz der Bevölkerung
- Unterstützen der Bündnisstreitkräfte in materieller Hinsicht, wenn diese Hilfe anfordern.

Zur Erfüllung dieser Aufgaben sind auf allen Ebenen Verbindungsorgane geplant, die im Verteidigungsfall in Aktion gesetzt werden. Alle Vorbereitungen, die das Territorialheer trifft, sind so zu treffen, daß in einem Verteidigungsfall schnell reagiert werden kann.
Das Territorialheer besteht im Frieden aus Soldaten aller drei Teilstreitkräfte. In Bezug auf die Anzahl aktiver Soldaten ist es außerordentlich sparsam aufgebaut. Den überwiegenden Anteil im Territorialheer stellen die Reservisten. In einem Verteidigungsfall wächst dieser Bereich auf etwa das Zehnfache des Personalumfanges im Frieden an.
Das Territorialheer ist wie folgt gegliedert:
Die obersten Kommandobehörden sind die *Territorialkommando* Nord und Süd sowie das Territorialkommando Schleswig-Holstein. Ihre Einteilung erfolgte in Anlehnung an die NATO-Kommandostruktur. An der Spitze stehen die Befehlshaber der Territorialkommandos; im Frieden im Range eines Generalmajors. Ihr vordringlicher Auftrag ist es, die nationalen Erfordernisse mit den Erfordernissen der Befehlshaber der NATO-Heeresgruppen bzw. -Armeen abzustimmen. Sie sind zugleich nationale Befehlshaber und Befehlshaber der rückwärtigen Heeresgruppen-(Armee-)Bereiche.
Unter diesen gibt es – in unterschiedlicher Zuordnung – sechs *Wehrbereichskommandos.* Territorialkommando Schleswig-Holstein ist zugleich Wehrbereichskommando I und deckt das Territorium des Landes Hamburg mit ab. Die fünf weiteren

Wehrbereichskommandos (WBK) sind den Ländern der Bundesrepublik Deutschland wie nachstehend aufgeführt zugeordnet:

WBK II = Niedersachsen und Bremen
WBK III = Nordrhein-Westfalen
WBK IV = Hessen, Rheinland-Pfalz und Saarland
WBK V = Baden-Württemberg
WBK VI = Bayern

An der Spitze eines Wehrbereiches steht der Befehlshaber im Range eines Generalmajors. Er vertritt die Aufgaben der militärischen Landesverteidigung insbesondere gegenüber der Landesregierung und den auf Landesebene tätigen Organen der zivilen Verteidigung der Länder und des Bundes sowie gegenüber den NATO-Korps.
Die nächstniedere Ebene ist die der *Verteidigungsbezirke* (VBK). Ein Verteidigungsbezirk deckt sich im allgemeinen mit einem Regierungs-(Verwaltungs-)Bezirk. Das VBK wird von einem Kommandeur im Range eines Oberst geführt. Die Aufgaben sind die vorher genannten in dieser Ebene.
Ein Verteidigungsbezirkskommando ist in mehrere *Verteidigungskreiskommandos* (VKK) untergliedert. Diese sind für das Gebiet eines oder auch mehrerer Land- und/oder Stadtkreise zuständig. Ein VKK wird von einem Kommandeur im Range eines Oberstleutnants geführt. Es erfüllt die Aufgaben der militärischen Landesverteidigung in seiner Ebene.
In unterschiedlicher Zu- und Unterordnung sowie in verschiedener Zahl gibt es darüberhinaus im Territorialheer folgende Dienststellen mit wiederum unterschiedlichen Truppen:

- Heimatschutzkommandos
- Regimenter (für bestimmte Aufgaben)
- Bataillone unterschiedlicher Truppengattungen
- Sicherungskompanien
- Versorgungskommandos
- Depots und Instandsetzungseinrichtungen
- Verkehrskommandanturen
- Truppenübungsplatzkommandanturen
- Standortkommandos
- stationäre Fernmeldeeinrichtungen

Die Masse der Soldaten dieser Dienststellen und Truppen wird - darauf muß nochmals hingewiesen werden - von Reservisten gestellt.

3.6 Der Bereich des Heeresamtes

3.6.1 Das Amt

Das Heeresamt ist dem Bundesminister der Verteidigung/Inspekteur des Heeres unmittelbar nachgeordnet (s. Tafel 2). Es ist eine zentrale militärische Dienststelle des Heeres mit bestimmten Aufgaben für das gesamte Heer.

Heeresamt

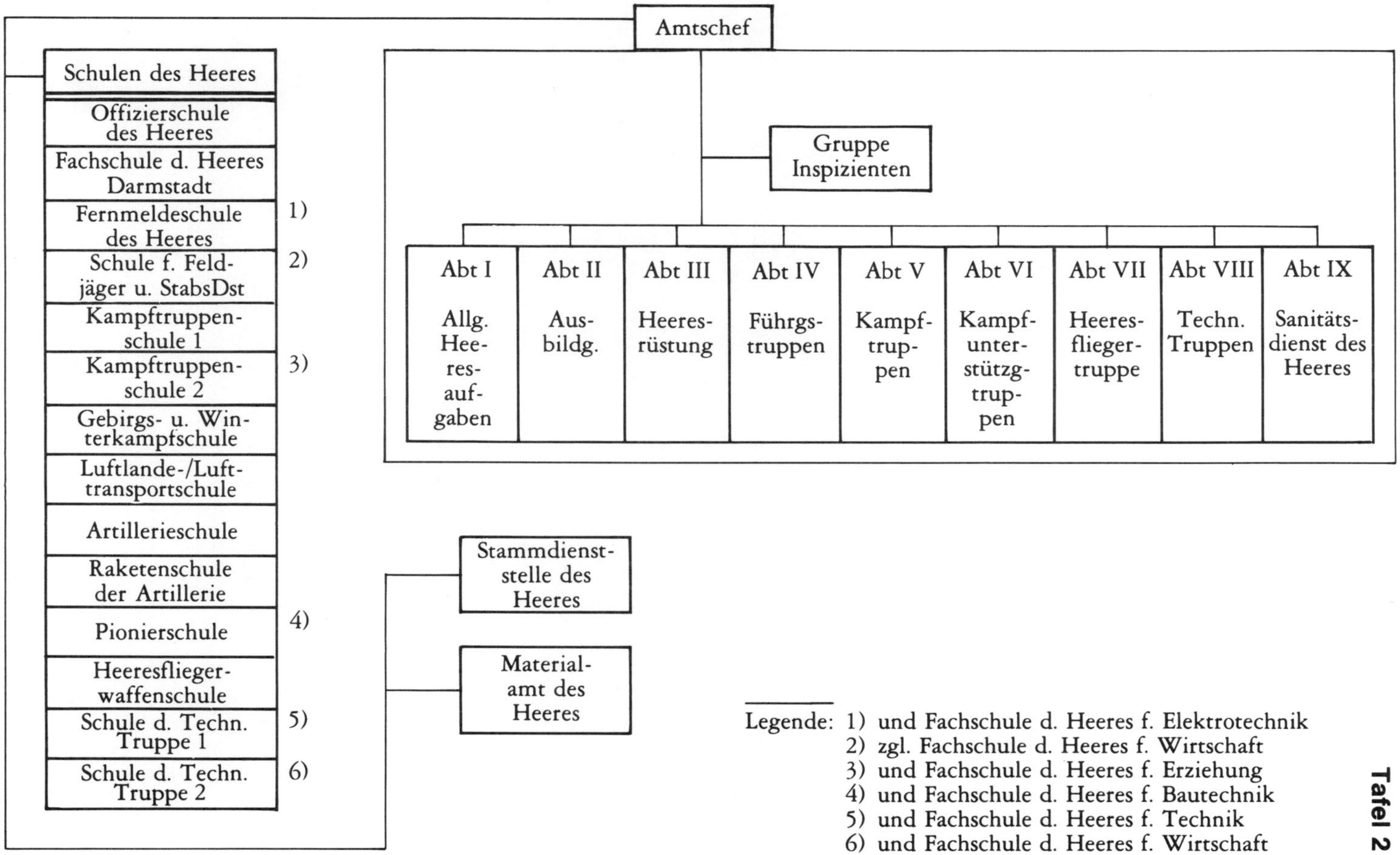

Legende:
1) und Fachschule d. Heeres f. Elektrotechnik
2) zgl. Fachschule d. Heeres f. Wirtschaft
3) und Fachschule d. Heeres f. Erziehung
4) und Fachschule d. Heeres f. Bautechnik
5) und Fachschule d. Heeres f. Technik
6) und Fachschule d. Heeres f. Wirtschaft

Tafel 2

In Vollzug der Weisungen des Inspekteurs des Heeres trägt das Heeresamt insbesondere dazu bei, die Einsatzbereitschaft dieser Teilstreitkraft sicherzustellen. Hierzu wirkt das Amt in Form eines „Spezialstabes" des Inspekteurs eng mit dem Führungsstab des Heeres im BMVg zusammen. Wesentliche Arbeiten sind dabei u.a. die

- Mitwirkung an der Grundlagenerarbeitung für Führungs- und Einsatzgrundsätze sowie auf den Gebieten der Ausbildung, der Organisation, des Personalwesens, der Infrastruktur, der Heeresrüstung, der Logistik und der Mobilmachung des Heeres
- Weiterentwicklung der Truppengattungen
- Erarbeitung von Dienstvorschriften und OSTAN.

Im Auftrag des Inspekteurs des Heeres nimmt der Amtschef zentrale Aufgaben für das gesamte Heer wahr. Hierunter fallen unter anderem:

- Überwachen der einheitlichen Anwendung von Führungs- und Einsatzgrundsätzen im Heer
- Überwachen der einheitlichen Anwendung von festgelegten Ausbildungsgrundsätzen.

In diesen Aufgaben, die durch dienstliche Anweisungen gegenüber dem Gesamt-Heeresbereich geregelt sind, wird der Amtschef durch den Einsatz von Inspizienten sowie von Offizieren des Amtes mit Inspizierungsaufgaben unterstützt.
Darüberhinaus werden im Heeresamt Aufgaben eines Kommandostabes wahrgenommen. Der Amtschef ist für die Führung der dem Heeresamt nachgeordneten Schulen des Heeres, Truppen, Dienststellen und Einrichtungen verantwortlich. Truppendienstlich unterstehen ihm

- der Leiter der Stammdienststelle des Heeres
- der Leiter des Materialamts des Heeres.

Er lenkt den Einsatz von Heeresverbindungsstäben und Heeresverbindungsoffizieren im Ausland.
Der Leiter des Heeresamtes ist Amtschef. Er hat den Dienstgrad eines Generalleutnants.
Das Amt besteht aus neun Abteilungen. In den Abteilungen I bis III werden zentral die

- allgemeinen Heeresaufgaben
- Angelegenheiten der Ausbildung des Heeres
- Aufgaben auf dem Gebiet der Entwicklung und Beschaffung von Wehrmaterial des Heeres

bearbeitet. Die Gliederung der Abteilungen IV bis IX entspricht den Hauptaufgaben der Truppengattungen.
Eine bestimmte Sonderstellung nimmt die Abteilung IX „Sanitätsdienst des Heeres" ein. Der Fachdienstweg der Sanitätstruppe mußte bei der organisatorischen

Einordnung berücksichtigt werden. In dieser Abteilung werden die mit dem Sanitätsdienst und dem Gesundheitswesen im Heer zusammenhängenden Aufgabengebiete bearbeitet. Der Abteilungsleiter ist Generalarzt des Heeres und zugleich Inspizient des Sanitätsdienstes des Heeres.
In einer Gruppe „Inspizienten" sind fünfzehn Inspizienten zusammengefaßt. Diese arbeiten in ständigem, unmittelbarem Kontakt mit den Abteilungen und Gruppen ihrer Truppengattung bzw. ihrer Zuständigkeitsbereiche zusammen. Ihr Inspizierungsbereich ist das ganze Heer. Die Hauptaufgaben der Inspizienten sind,

- eine einheitliche Anwendung von Befehlen, Erlassen, Weisungen, Anweisungen und Dienstvorschriften sicherzustellen,
- den Leistungs- und Ausbildungsstand sowie die Einsatzbereitschaft der Verbände und Einheiten festzustellen,
- bei ihren Inspizierungen die Verantwortlichen aller Ebenen zu beraten.

3.6.2 Die Stammdienststelle des Heeres (SdH)

Während die Personalbearbeitung aller Berufs- und Zeitoffiziere bei der Abteilung Personal im BMVg liegt, obliegt der Stammdienststelle des Heeres die Bearbeitung der Personalien der Unteroffiziere im Heer. Die Stammdienststelle plant bedarfsbezogen die Ausbildung und Verwendung aller Unteroffiziere des Heeres mit Portepee, d.h. vom Feldwebel an aufwärts. In Kürze übernimmt die Stammdienststelle auch die Bearbeitung sämtlicher Stabsunteroffiziere des Heeres, die zur Zeit noch bei bestimmten Kommandobehörden liegt. Darüberhinaus hat die Stammdienststelle die Personalführung des genannten Personenkreises durchzuführen und die Planstellen der Besoldungsgruppen A 7 bis A 10 (Feldwebel bis Oberstabsfeldwebel) zu bewirtschaften.
Während beim Heer die Personalführung bislang truppengattungsbezogen stattfand, stellt die Stammdienststelle des Heeres ihre Führung nunmehr auf sogenannte Ausbildungsreihen um, die in der Heeresdienstvorschrift (HDv) 900/400 festgelegt worden sind.

3.6.3 Das Materialamt des Heeres (MatAH)

Dieses Amt steuert die Materialwirtschaft des Heeres. Hierunter ist in der Bundeswehr die

- Materialbedarfsdeckung
- Materialbewirtschaftung
- Materialerhaltung

sowie Festlegung der Materialgrundlagen und -verfahren zu verstehen.
Das Materialamt des Heeres arbeitet eng mit dem Materialamt der Bundeswehr, dem Bundesamt für Wehrtechnik und Beschaffung, dem Sanitätsamt der Bundes-

wehr sowie den entsprechenden Ämtern der anderen Teilstreitkräfte zusammen. Für die Durchführung seines Auftrags ist das MatAH befugt, den

- Versorgungskommandos,
- Heeresinstandsetzungswerken sowie den Instandsetzungseinrichtungen mit vergleichbarer Aufgabenzuordnung
- Nachschub-/Instandsetzungs-/Sanitätskommandos der Korps

besondere Anweisungen zu erteilen.
Die Versorgungskommandos führen Nachschub- und Transportbataillone, die Heeresinstandsetzungswerke und die Depots des Heeres.
Aus den Depots wird das Heer mit allem Material versorgt; ausgenommen davon ist die Versorgung mit Verpflegung und Bekleidung, die von den Wehrbereichsverwaltungen aus Wehrbereichsverpflegungs- und Bekleidungsämtern durchgeführt wird.

3.6.4 Schulen des Heeres

An den Schulen des Heeres, die alle dem Heeresamt nachgeordnet sind, wird die heeres- und truppengattungsbezogene Ausbildung durchgeführt.
Seit 1976 sind verschiedene Schulen zu Fachschulen erweitert worden, an denen auf Lehrgängen Unteroffiziere und Offiziere des militärfachlichen Dienstes eine Fachschulausbildung erhalten, die später dann zivilberuflich verwertbar ist. Der erworbene Abschluß dieser Ausbildung wird von den Ländern in der Bundesrepublik Deutschland anerkannt. Entsprechendes gilt auch bei bestimmten Schulen der Luftwaffe und der Marine.

Folgende Schulen des Heeres gibt es:

- Offizierschule des Heeres
- Fachschule des Heeres in Darmstadt
- Fernmeldeschule des Heeres und Fachschule des Heeres für Elektrotechnik
- Schule für Feldjäger und Stabsdienst zugleich Fachschule des Heeres für Wirtschaft
- Kampftruppenschule 1
- Kampftruppenschule 2 und Fachschule des Heeres für Erziehung
- Gebirgs- und Winterkampfschule
- Luftlande-/Lufttransportschule
- Artillerieschule
- Raketenschule der Artillerie
- Pionierschule und Fachschule des Heeres für Bautechnik
- Heeresfliegerwaffenschule

- Schule der Technischen Truppe 1 und Fachschule des Heeres für Technik
- Schule der Technischen Truppe 2 und Fachschule des Heeres für Wirtschaft.

Moderne Streitkräfte sind im Frieden - insbesondere hinsichtlich der wehrpflichtigen Soldaten, aber ebenfalls auch der Berufs- und Zeitsoldaten - überwiegend eine Ausbildungsorganisation. Das gilt gleichfalls für das Heer.
Insoweit kann man das Heeresamt als die fachliche Zentralstelle für die Ausbildung im Heer bezeichnen. Ausbildung im soldatischen Bereich stützt sich auf Vorschriften. Die gesamte Erarbeitung der Heeresdienstvorschriften (HDv) erfolgt zentral im Heeresamt. Darüberhinaus sorgt das Amt für die Bereitstellung der notwendigen Ausbildungskapazitäten und führt schließlich die Ausbildungsvorhaben an den Schulen des Heeres durch.

Waffensysteme und Waffen des Heeres*)

Kampfpanzer Leopard 1

Abb. 1

Besatzung: 4 Mann	Geschwindigkeit: 65 km/h
Länge: 6,94 m (ohne Rohr)	Fahrbereich: 600 km
Gewicht: 42,4 t	Hauptwaffe: Bordkanone 105 m/m

Schützenpanzer Marder

Abb. 2

Besatzung: 10 Mann	Geschwindigkeit: 75 km/h
Länge: ca. 6,8 m	Fahrbereich: 520 km
Gewicht: 25,5 t	Bewaffnung: 1 Bord-MK 20 m/m, 2 MG 7,62 m/m

*) *Quelle:* Mit Genehmigung des Bundesministeriums der Verteidigung, Informations- und Pressestab.

Kanonenjagdpanzer Abb. 3

Besatzung: 4 Mann
Länge: 6,43 m
Gewicht: 25,7 t

Geschwindigkeit: 70 km/h
Fahrbereich: 385 km
Hauptwaffe: Bordkanone 90 m/m

Raketenjagdpanzer Jaguar Abb. 4

Besatzung: 4 Mann
Länge: 6,43 m
Gewicht: 23 t

Geschwindigkeit: 70 km/h
Fahrbereich: 385 km
Hauptwaffe: Panzerabwehrwaffe HOT

Flugabwehrkanonenpanzer Gepard Abb. 5

Besatzung: 3 Mann	Geschwindigkeit: 62 km/h
Länge: ca. 8,2 m	Bewaffnung: 2 BMK 35 m/m
Gewicht: 46 t	Suchradaranlage

Spähpanzer Luchs Abb. 6

Besatzung: 4 Mann	Geschwindigkeit: 90 km/h
Länge: 7,74 m	Fahrbereich: 800 km
Gewicht: 19 t	Bewaffnung: 1 BMK 20 m/m
	1 FlaMG 7,62 m/m

Brückenlegepanzer Biber Abb. 7

Länge: ca. 10 m	Überbrückbare Weite: 20 m
Gewicht: 35,2 t	Fahrbahnbreite: 4 m
	Verlegezeit: 2,5 min

Panzerabwehrhubschrauber Abb. 8

Besatzung: 2 Mann	Geschwindigkeit: ca. 200 km/h
Flugdauer: 2 Stunden	Bewaffnung: 6 Lenkflugkörper

Panzerhaubitze 155 m/m Abb. 9

Besatzung: 8 Mann
Gewicht: 24 t
Geschwindigkeit: 56 km/h
Kaliber: 155 m/m
Schußentfernung: bis 13,5 km

Haubitze 203 m/m Abb. 10

Besatzung: 12 Mann
Gewicht: 26,5 t
Geschwindigkeit: 50 km/h
Kaliber: 203 m/m
Schußentfernung: bis 12 km

Raketenwerfer 110 SF Abb. 11

Besatzung: 3 Mann — Kaliber: 110 m/m
Gewicht: 14,9 t — Schußentfernung: bis 14 km

Raketenwerfer SF Lance Abb. 12

Besatzung: 6 Mann — Kaliber: -
Gewicht: ca. 10,1 t — Schußentfernung: ca. 120 km

4 Die Luftwaffe

4.1 Auftrag und Gliederung der Luftstreitkräfte

Die deutschen Luftstreitkräfte haben im Rahmen des NATO-Bündnisses bei einem Angriff gegen das Territorium der Bundesrepublik Deutschland den Luftkrieg zu führen. Luftkrieg ist seiner Natur nach ein technischer Krieg.

Luftstreitkräfte kämpfen im Luftraum. Sie benötigen eine Unterstützungsorganisation am Boden.

Luftstreitkräfte werden zur Luftverteidigung, zum Luftangriff, zur Luftaufklärung und zum Lufttransport eingesetzt.

Eine entscheidende Voraussetzung für erfolgreiche Luftoperationen ist die Erringung und Behauptung von Luftüberlegenheit. Sie wird in einem Verteidigungsfall oft nur zeitlich und räumlich begrenzt möglich sein. Beweglich geführte Land- und Seeoperationen werden meist nur dort durchgeführt werden können, wo die Luftüberlegenheit zumindest zeitweise errungen worden ist. Daher liegt ein Teil der Luftwaffenaufgaben in der mittelbaren und unmittelbaren Unterstützung der Land- und Seestreitkräfte.

Überraschung ist ein wesentlicher Faktor für das Gelingen von Luftoperationen. Das führt dazu, schnell einsatzbereite Luftkriegsmittel zu unterhalten. Da dies ebenso bei einem eventuellen Angreifer zutrifft, ist die Notwendigkeit der schnellen und bei der Luftverteidigung der ständigen Einsatzbereitschaft ein typisches Merkmal von Luftstreitkräften.

Die deutsche Luftwaffe hat im Rahmen des NATO-Bündnisses folgende Aufgaben:

- Frühzeitig eine umfassende Aufklärung zu betreiben, um Erkenntnisse über die Fähigkeiten und Absichten eines Angreifers zu gewinnen,
- bei einem Angriff auf das Territorium der Bundesrepublik Deutschland am Abwehrkampf im Sinne der Vorneverteidigung teilzunehmen und hierzu den Kampf gegen die feindlichen Luftstreitkräfte so zu führen, daß die eigenen Streitkräfte und das eigene Territorium gegen Angriffe aus der Luft geschützt werden,
- eine Luftlage zu erkämpfen, in der eigene Land- und Seeoperationen möglich sind,
- im Rahmen ihres Auftrags den Kampf gegen die feindlichen Landstreitkräfte zu führen, um die taktische und operative Handlungsfreiheit der feindlichen Landstreitkräfte einzuschränken, sowie den Feind an der Zuführung von Verstärkungen aus seinem rückwärtigen Gebiet zu hindern,
- die eigenen Landstreitkräfte im Brennpunkt des Kampfes zu unterstützen,

- darüber hinaus den eigenen Seestreitkräften mit Luftverteidigung und Luftangriff Hilfe zu leisten,
- allen Streitkräften mit Lufttransporten zu helfen,
- für die nukleare Abschreckung und den nuklearen Einsatz Flugzeuge und Flugkörper als Trägermittel bereitzuhalten.

Die Luftwaffe (s. Tafel 3) ist gegliedert in

- Luftflottenkommando, dem die fliegenden und bodengebundenen Einsatzverbände der Luftwaffe unterstehen
- Luftwaffenunterstützungskommando, unter dem die logistischen Verbände und Dienststellen der Luftwaffe zusammengefaßt sind
- Luftwaffenamt, dem die Fachkommandos und sonstige Dienststellen der Luftwaffe nachgeordnet sind.

4.2 Dienstbereiche

Während das Heer seine Aufgaben nach Truppengattungen ausrichtet, teilt die Luftwaffe ihre Aufgaben in Dienstbereiche auf.
Auch hier bringt das differenzierte Angebot eine fachliche Spezialisierung mit sich. Sie erlaubt eine gute Vergleichbarkeit und in der überwiegenden Zahl der Bereiche zugleich eine Austauschbarkeit mit der zivilen Berufswelt.
Die Luftwaffenvorschrift „Ausbildungs- und Verwendungskatalog der Luftwaffe (AVK-L)“ gibt einen umfassenden Überblick über die Verwendungsmöglichkeiten für die Soldaten dieser Teilstreitkraft.

Es gibt folgende Dienstbereiche:

- Fliegerischer Dienst
- Flugkörper- und Flugabwehrraketendienst
- Sicherungsdienst
- Führungsdienst
- Versorgungsdienst
- Technischer Dienst
- Luftwaffendienst
- Besondere Dienste

Die Verwendung der Luftwaffensoldaten erfolgt nach allgemeiner und je nach Dienstbereich besonderer Fachausbildung.

4.2.1 Fliegerischer Dienst

Hierunter fallen Strahlflugzeugführer, Transport- und Verbindungsflugzeugführer, Hubschrauberführer, Kampfbeobachter, Dienste in Flugnavigation und Flugbetrieb.

Gliederung der Luftwaffe

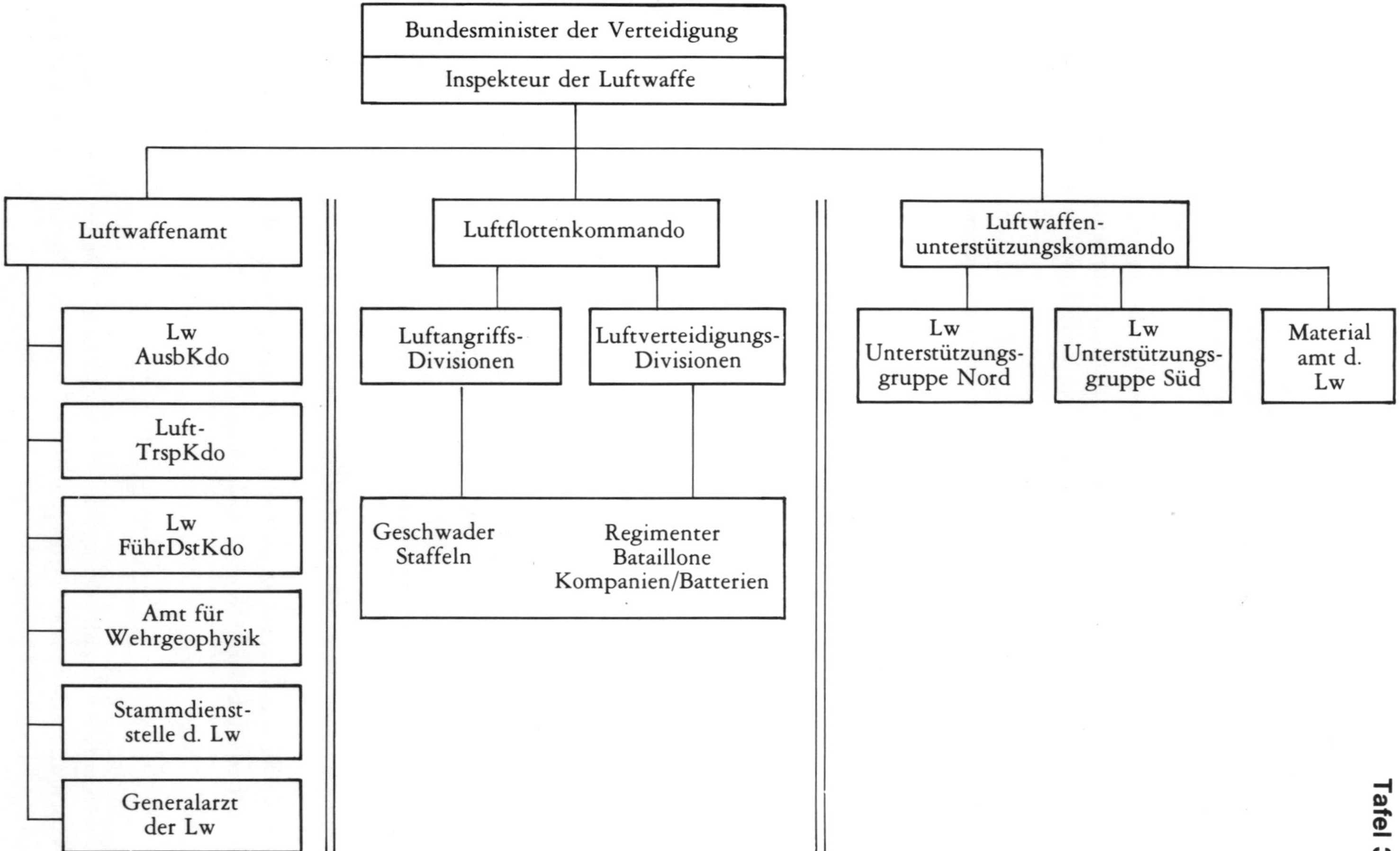

Tafel 3

4.2.2 Flugkörper- und Flugabwehrraketendienst

Die Luftwaffe kennt Dienste in Flugkörperverbänden und Dienste in Flugabwehrraketenverbänden.

4.2.3 Sicherungsdienst

Hierzu gehören Dienste in Einheiten und Teileinheiten der Luftwaffe, die die Sicherung von Objekten wie Flugplätze, Stellungen, Anlagen usw. der Luftwaffe zu gewährleisten haben. Die Verwendung dieser Soldaten entspricht der in den Sicherungstruppen des Heeres.

4.2.4 Führungsdienst

Im Bereich Führungsdienst kennt die Luftwaffe vier Teilbereiche. Es sind dies

- der Fernmeldeverbindungsdienst
- der Radarführungsdienst
- die elektronische Kampfführung
- der Flugsicherungsdienst

4.2.5 Versorgungsdienst

Hierunter fallen der allgemeine logistische Dienst, sowie die Dienste in den Bereichen des Nachschubs und des Transports.

4.2.6 Technischer Dienst

Im technischen Dienst der Luftwaffe gibt es Verwendungen in den Gebieten

- Luftfahrzeugtechnik
- Waffen- und Munitionstechnik
- Kraftfahrzeugtechnik
- Luftfahrzeugelektronik
- Waffenelektronik
- Fernmeldeelektronik
- Radarelektronik
- EDV- und Gefechtsstandelektronik
- Raketenelektronik
- Technik der elektronischen Kampfführung

Ein Bereich, der ebenfalls zum technischen Dienst zu rechnen ist, ist der der Infrastruktur.

4.2.7 Luftwaffendienst

Unter Luftwaffendienst versteht die Luftwaffe alle Verwendungen in den Aufgabenbereichen des Personalwesens, des Presse- und Informationswesens, des Nachrichtenwesens, des Truppendienstes in Einsatz, Organisation und Ausbildung, sowie des Luftbildwesens.

4.2.8 Besondere Dienste

Hierunter fallen der Sanitäts-, der militärgeographische und der Militärmusikdienst in der Luftwaffe.

4.3 Organisation der Luftwaffe

Den drei höheren Kommandobehörden der Luftwaffe

- dem Luftflottenkommando
- dem Luftwaffenunterstützungskommando und
- dem Luftwaffenamt

unterstehen sämtliche Verbände, Fachkommandobehörden, Ämter und sonstige Dienststellen der Luftwaffe.

4.3.1 Luftflottenkommando

Diesem Kommando unterstehen alle Einsatzverbände der Luftwaffe; sie sind NATO-assigniert. Die Verbände der Luftraumüberwachung und der Luftverteidigung unterstehen bereits im Frieden - als einzige Verbände der deutschen Streitkräfte - dem Kommando von NATO-Befehlshabern.
Wichtigste Systeme und Rückgrat des Luftverteidigungsgürtels der NATO in Mitteleuropa sind die Flugabwehrraketen Hawk und Nike.
Die deutsche Luftwaffe stellt etwa ein Drittel der NATO-Luftstreitkräfte für den Schutz in Europa-Mitte. Sie ist mit modernsten Flugzeugen, Flugkörpern und Raketen ausgestattet. Die Organisation der Verbände und die Dislozierung der Luftwaffe orientieren sich an den Einsatzaufgaben. Die hohe Einsatzbereitschaft und die sofortige Reaktionsfähigkeit aller Kampfverbände sind ein besonderer Garant dafür, daß den NATO-Streitkräften eine ausreichende Vorwarnzeit gewährleistet ist.
An der Spitze des Luftflottenkommandos steht der Kommandierende General der Luftflotte im Range eines Generalleutnants. Er ist für die Herstellung und Erhaltung der Einsatzbereitschaft aller ihm unterstellten Truppenteile im Frieden und im Verteidigungsfall verantwortlich.
Unterhalb des Luftflottenkommandos sind die deutschen Luftwaffen-Einsatzverbände in vier *Luftwaffendivisionen* - je zwei Luftangriffs- und Luftverteidigungsdivisionen - organisiert.

Eine Division ist in *Geschwader* (fliegende Geschwader, Aufklärungs-, Kampf- und Flugkörpergeschwader) und *Regimenter* (Flugabwehrraketen- und Fernmelderegiment) untergliedert.
Diese wiederum unterteilen sich in *Gruppen, Bataillone* oder *Abteilungen.*
Einheiten sind die *Staffel, Kompanie* bzw. *Batterie,* die sich wiederum in Teileinheiten (Züge, Gruppen, Trupps) aufgliedern.
Die Dienstränge der Kommandeure und Führer dieser Dienststellen entsprechen denen der Dienststellen im Heer bei gleicher Kommandoebene. Die Kommandeure der Divisionen sind Generalmajore, die der Geschwader und Regimenter Oberste; Gruppen-, Bataillons- und Abteilungskommandeure sind Oberstleutnante und die Führer von Staffeln, Kompanien und Batterien in der Regel Majore oder Hauptleute.
Es gibt folgende Luftwaffen-Einsatzverbände in den deutschen Luftwaffendivisionen:

- 6 Jagdbombergeschwader
- 2 Aufklärungsgeschwader
- 2 leichte Kampfgeschwader
- 6 Flugabwehrraketenregimenter und
- 4 Fernmelderegimenter

Dem Luftflottenkommando unterstehen außer diesen Einsatzverbänden noch die Waffenschulen der Luftwaffe und die Ausbildungseinrichtungen für fliegerische Ausbildung und Raketenausbildung.

4.3.2 Luftwaffenunterstützungskommando

An seiner Spitze steht der Kommandierende General des Luftwaffenunterstützungskommandos im Range eines Generalleutnants. Er ist insbesondere für die logistische Unterstützung der gesamten Luftwaffe verantwortlich.
Dem Kommandierenden General unterstehen

- das Materialamt der Luftwaffe und
- die Luftwaffenunterstützungsgruppen Nord und Süd.

Während die dem Luftflottenkommando unterstellten Einsatzverbände im Verteidigungsfall bestimmten NATO-Kommandobehörden für den Einsatz unterstellt werden, bleibt das Luftwaffenunterstützungskommando mit allen unterstellten Verbänden, Einheiten usw. in nationaler Befehlsgewalt.
Das *Materialamt der Luftwaffe steuert* die Materialwirtschaft der Luftwaffe. Die Aufgaben entsprechen denen, die beim Materialamt des Heeres im Einzelnen aufgeführt worden sind.
Den *Luftwaffenunterstützungsgruppen Nord und Süd* unterstehen folgende Dienststellen:

- Die logistischen Verbände und Dienststellen der Luftwaffe

- truppendienstlich zwei Fernmelderegimenter
- die technischen Schulen 1 und 3 der Luftwaffe, zugleich Fachschule der Luftwaffe für Elektrotechnik und Fachschule der Luftwaffe für Maschinenbau
- die Nachschubschule der Luftwaffe, zugleich Fachakademie der Luftwaffe für Wirtschaft
- die Luftwaffenpioniere
- die geophysikalischen Dienststellen der Luftwaffe
- die Luftwaffenmusikkorps.

4.3.3 Luftwaffenamt

An der Spitze des Luftwaffenamts (s. Tafel 4) steht der Amtschef im Range eines Generalleutnants. Er führt zentrale Fachaufgaben für die Luftwaffe durch und übt die Kommandogewalt über die ihm unterstellten Fachkommandobehörden und Dienststellen aus.

Hierbei handelt es sich um nachstehend aufgeführte Fachkommandobehörden mit unterstellten Dienststellen:

4.3.3.1 Luftwaffenausbildungskommando mit

- Offizierschule der Luftwaffe
- Truppendienstliche Fachschule der Luftwaffe, zugleich Fachschule der Luftwaffe für Wirtschaft
- Fluganwärterregiment
- Luftwaffenausbildungsregimenter

4.3.3.2 Lufttransportkommando mit

- Lufttransportgeschwadern
- Hubschraubertransportgeschwadern
- Flugzeugführerschule S für Propeller-Flugzeuge

4.3.3.3 Luftwaffenführungsdienstkommando mit

- Fernmeldeverbänden und -dienststellen
- Technische Schule 2 der Luftwaffe, zugleich Fachschule der Luftwaffe für Elektrotechnik
- Fernmelde-Lehr- und Versuchsregiment der Luftwaffe
- Amt für Flugsicherung der Bundeswehr (AFSBw).

Vergleichbar dem Heeres- und dem Marineamt sind dem Luftwaffenamt außerdem folgende Dienststellen und Einrichtungen unterstellt:

Tafel 4

Luftwaffenamt

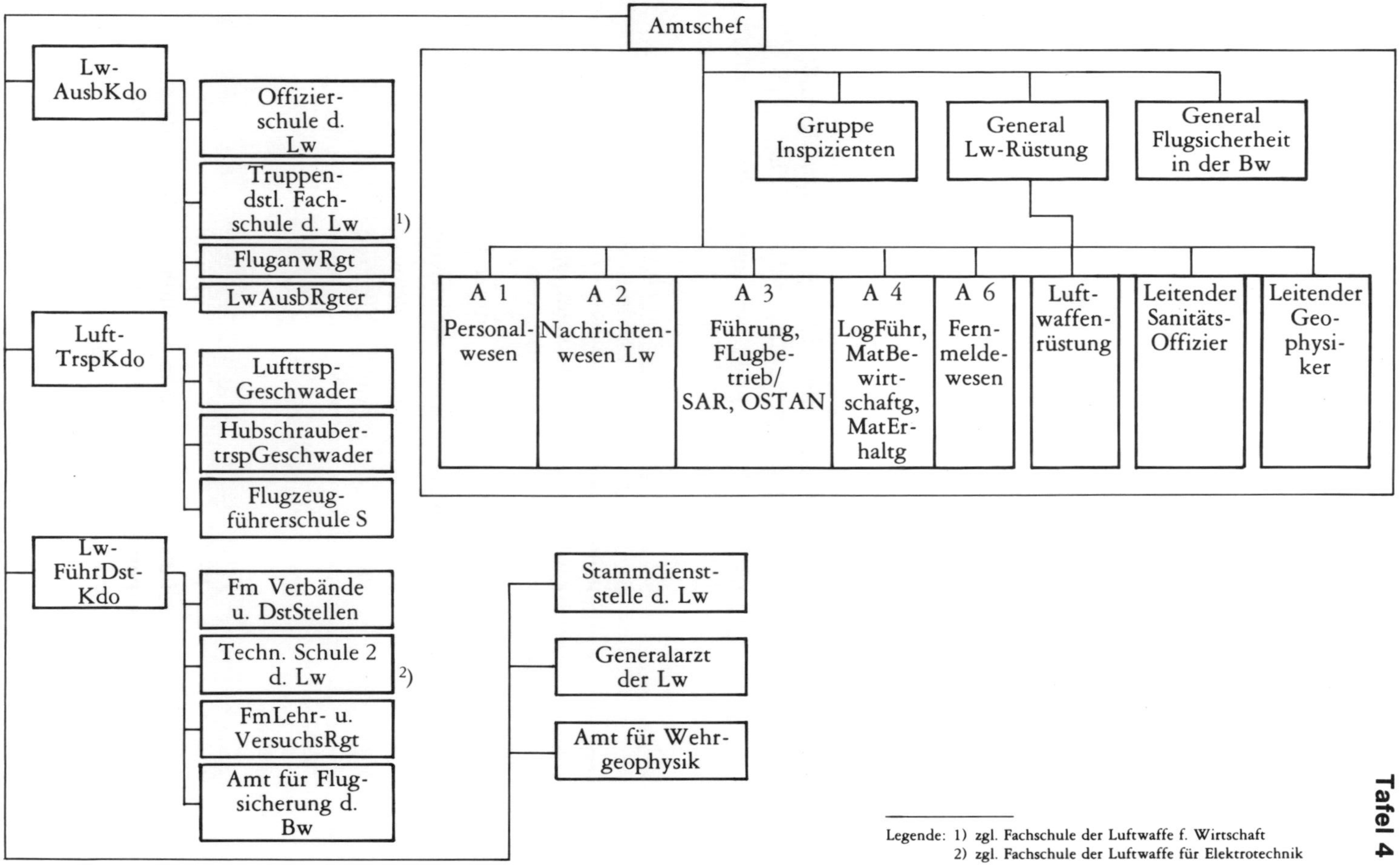

Legende: 1) zgl. Fachschule der Luftwaffe f. Wirtschaft
2) zgl. Fachschule der Luftwaffe für Elektrotechnik

4.3.3.4 Stammdienststelle der Luftwaffe (SdL)

Die Stammdienststelle der Luftwaffe ist personalbearbeitende Stelle für

- alle Unteroffiziere der Luftwaffe (Berufs- und Zeitsoldaten) vom Feldwebel an aufwärts
- alle Unteroffiziere und Mannschaften des fliegenden Personals, des Flugsicherungspersonals, des Personals der Sanitätseinheiten und des militärischen Musikdienstes, des gemischt zu besetzenden Bereichs sowie des Personals bei integrierten Dienststellen im In- und Ausland und des Personals auf dem sog. zbV-Etat.

Als Fachkommando wirkt die Stammdienststelle der Luftwaffe darüberhinaus in die Teilstreitkraft Luftwaffe u.a. durch:

- Erlasse „Besondere Anweisungen" hinsichtlich einheitlicher Personalbearbeitung
- Steuerung der Planstellenbewirtschaftung
- Steuerung der EDV-Ein-/ und Ausgaben (DV-Verbindungsstelle)
- Ernennungen, Umwandlungen, Entlassungen, Beendigung der Dienstverhältnisse, Zurruhesetzungen
- Versetzungen, Kommandierungen, Dienstpostenwechsel
- Personalstatistik und Berichtswesen.

4.3.3.5 Generalarzt der Luftwaffe

Er ist für den fliegerärztlichen und truppenärztlichen Dienst in der Luftwaffe verantwortlich. Dem fliegerärztlichen Dienst muß im Hinblick auf die Anforderungen, die an die Besatzungen der modernen fliegerischen Waffensysteme gestellt werden, besondere Bedeutung beigemessen werden.
Truppendienstlich untersteht der Generalarzt der Luftwaffe dem Amtschef des Luftwaffenamtes, fachdienstlich dem Inspekteur des Sanitäts- und Gesundheitswesens.
Dem Generalarzt der Luftwaffe sind truppen- und fachdienstlich

- das Flugmedizinische Institut der Luftwaffe
- die Sanitätsschule der Luftwaffe

nachgeordnet.

4.3.3.6 Sonstige Unterstellungen

Darüberhinaus sind dem Amtschef des Luftwaffenamtes truppendienstlich und in allgemeiner Hinsicht unterstellt

- die Inspizientengruppe
- der General Flugsicherheit in der Bundeswehr
- das Amt für Wehrgeophysik.

Waffensysteme der Luftwaffe*)

Kampfflugzeug F-104 G „Starfighter“ Abb. 13

Besatzung: 1 Mann
Geschwindigkeit: Mach 2

Länge: 16,67 m
Spannweite: 6,68 m

Jäger und Jagdbomber F-4F Phantom II Abb. 14

Besatzung: 2 Mann — Länge: 19,40 m
Geschwindigkeit: Mach 2,2 — Spannweite: 11,70 m

*) *Quelle:* Mit Genehmigung herausgegeben vom BMVg, Informations- und Pressestab

Leichtes Erdkampfflugzeug Fiat G.91 R/3 Abb. 15

Besatzung: 1 Mann	Länge: 10,29 m
Geschwindigkeit: 1000 km/h	Spannweite: 8,56 m

Erdkampfflugzeug Alphajet P.03 Abb. 16

Besatzung: 2 Mann	Länge: 13,23 m
Geschwindigkeit: Mach 0,85	Spannweite: 9,11 m

Mehrzweckkampfflugzeug Tornado (MRCA) Abb. 17

Besatzung: 2 Mann	Länge: 17,23 m
Geschwindigkeit: Mach 2 +	Spannweite: Schwenkflügel 8,56 - 13,90 m

Rundsuchradar der Luftverteidigung Abb. 18

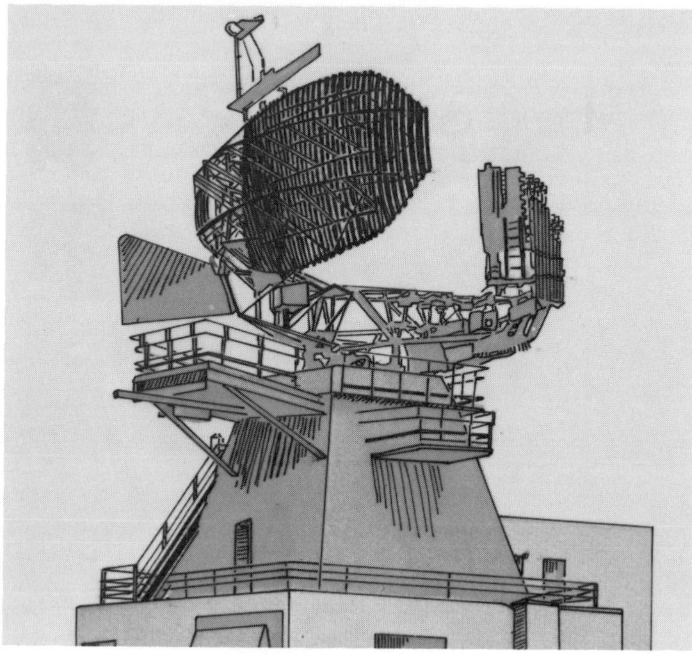

Flugabwehrraketensystem HAWK Abb. 19

Bekämpfungsreichweite:
ca 40 km
Geschwindigkeit:
ca Mach 3,5

Bedienung:
39 Mann
Flugzielerfassung:
bis ca 100 km

Flugabwehrraketensystem NIKE Abb. 20

Bekämpfungsreichweite:
ca 150 km
Geschwindigkeit:
ca Mach 3
Bedienung:
mind. 38 Mann
Flugzielerfassung:
bis 300 km

5 Die Marine

5.1 Auftrag und Gliederung der Marine

Die Bundesrepublik Deutschland besitzt verhältnismäßig kurze Küsten, die zu verteidigen sind. Darüberhinaus hat die deutsche Marine, gemeinsam mit den Seestreitkräften der NATO-Partner, einen Beitrag zur Behauptung der Ostseezugänge zu leisten. Die Inbesitznahme dieser Zugänge durch einen Gegner würde

- die europäische Verteidigungslinie an der wichtigen Nahtstelle zwischen Nord- und Mitteleuropa unterbrechen,
- eine Ausdehnung fremder Seeherrschaft auf die den NATO-Küsten vorgelagerten Seegebiete in der Nordsee und im Atlantik bedeuten und
- die Landfront in der Bundesrepublik von der Flanke her bedrohen.

Das Operationsgebiet der Bundesmarine liegt daher in der Ostsee, in den Ostseezugängen und in der Nordsee. Die Marine erfüllt ihre Aufgabe gemeinsam mit den Seestreitkräften der Verbündeten und in engem Zusammenwirken mit dem Heer und der Luftwaffe. Der Auftrag der Bundesmarine verlangt die Aufstellung und Bereithaltung von ausgewogenen See- und Seeluftstreitkräften. Da diese Kräfte präsent, d.h. auch im Frieden vorhanden sein müssen, liegt der Schwerpunkt der Aufgabe der deutschen Marine auf der Abschreckung und auf dem Schutz deutscher und bündnisgemeinsamer Interessen auf See.

Die Marine ist in drei Befehlsbereiche (s. Tafel 5) gegliedert, welche dem

- Flottenkommando
- Marineunterstützungskommando und
- Marineamt

nachgeordnet sind.

5.2 Verwendungsbereiche

Das Heer gliedert die Gesamtaufgabe nach Truppengattungen, die Luftwaffe nach Dienstbereichen. Die Marine dagegen hat ihre Gesamtaufgabe in Verwendungsbereiche, die gleichzeitig Ausbildungsreihen sind, geteilt.

An dieser Stelle erscheint es notwendig, einige Bemerkungen zur Ausbildung und Verwendung der Soldaten in der Bundeswehr zu machen, obwohl anderenorts[3]) ausführlich hierüber geschrieben wird.

Trotz aller Erfolge auf dem Gebiet der Ausbildung, die seit Aufstellung der Bundeswehr betrieben worden ist, mußte Anfang der 70er Jahre festgestellt werden, daß

3) Band 6 dieser Reihe: „Bildung, Erziehung und Ausbildung in den Streitkräften"

Gliederung der Marine

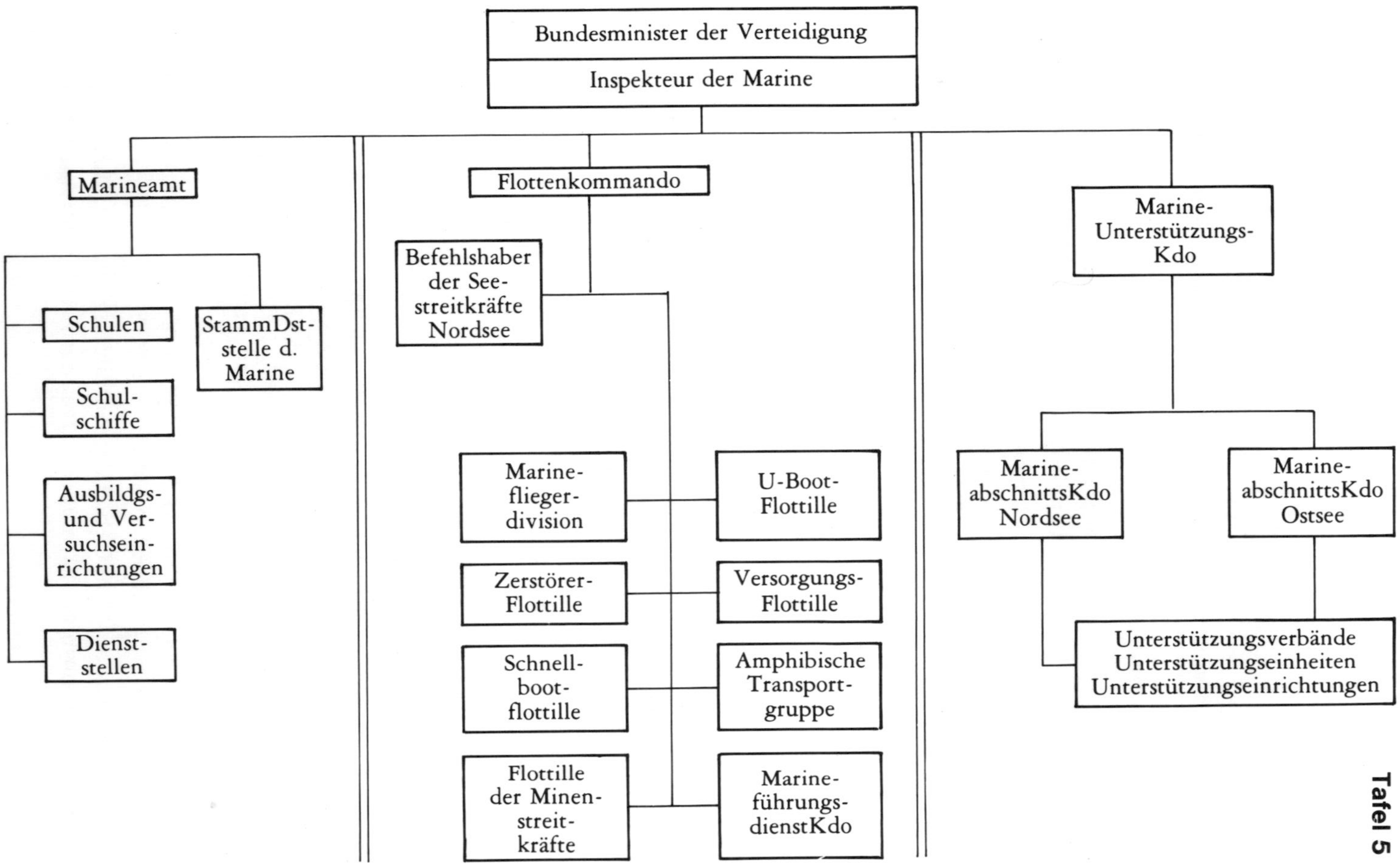

Tafel 5

das Ausbildungssystem in den Streitkräften verbesserungswürdig sei. Zwei wesentliche Erkenntnisse der seinerzeit erfolgten Untersuchungen waren, daß

- der Auftrag moderner Streitkräfte nur mit qualifiziertem Personal zu erfüllen ist und
- daß die Ausbildung mit den erkennbaren Veränderungen in der Personalstruktur übereinstimmen muß.

Inzwischen erfolgte eine grundsätzliche Neuregelung der Ausbildung. Die drei Teilstreitkräfte Heer, Luftwaffe, Marine und der Sanitätsdienst der Bundeswehr haben „Ausbildungs- und Verwendungskataloge" entwickelt, denen entnommen werden kann, welcher Ausbildungsgang zu welchem Berufsziel führt. Diese Kataloge ermöglichen außerdem, den Personalbedarf der Streitkräfte langfristig zu planen.

Beim einzelnen Soldaten wird versucht, einerseits seine individuellen Fähigkeiten und Wünsche zu beachten, andererseits zivile und militärische Ausbildungsgänge vergleichbar zu machen. Hierfür war es notwendig, alle militärischen Funktionen zu beschreiben, zu analysieren und zu bewerten. Diese Arbeit ist noch nicht abgeschlossen.

Die Bundeswehr nutzt heute bei der Ausbildung und Verwendung der Soldaten weitgehend die Kenntnisse und Fähigkeiten, die vor dem Wehrdienst erworben worden sind. Während ihrer Dienstzeit sollen alle Zeitsoldaten staatlich anerkannte allgemeine Bildungsabschlüsse und eine berufliche Qualifikation erhalten. Hierdurch soll eine reibungslose Rückkehr in den Zivilberuf ermöglicht werden.

Ziel der gesamten Neuordnung ist, Ausbildung und Verwendung der Soldaten optimal dem Bedarf der Streitkräfte anzupassen und zugleich mit seinen Fähigkeiten und Wünschen in Einklang zu bringen.

Bei der Marine kennen wir für die Unteroffiziere und Mannschaften folgende Verwendungen:

Seemännischer Dienst
Hierunter werden die Tätigkeiten des Decksdienstes verstanden.

Führungsdienst
Dazu gehören die Dienste im Fernmeldebetrieb, Fernmeldeaufklärung, Ortung, Führungsmittelelektronik, Fernmeldetechnik, Navigation, Signalbetrieb, Elektronikaufklärung und Sprechfunkaufklärung

Waffentechnischer Dienst
Hierunter fallen Überwasserwaffenmechanik, Überwasserwaffenelektronik, Unterwasserwaffenmechanik, Sperrwaffenmechanik, Unterwasserwaffenelektronik, Überwasserwaffenleitung, Unterwasserortung und Unterwasserwaffenleitung

Schiffstechnischer Dienst
Er wird in Dampftechnik, Motorentechnik und Elektrotechnik unterteilt.

Marinefliegerdienst
In diesem gibt es Verwendungen in Luftfahrzeugwaffentechnik, Luftfahrzeugelektromechanik, Flugtriebwerkmechanik, Luftfahrzeugmechanik, Flugausrüstung, Luftbilddienst und Luftfahrzeugelektronik.

Versorgungsdienst
Er wird unterschieden nach Stabsdienst, Dienst auf dem Verpflegungsgebiet, Materialbewirtschaftung sowie DV-Betriebsdienst.

Küstendienst
Hierunter werden die Dienste in Kraftfahrbetrieb, Kraftfahrzeugtechnik und in Küstensicherung zusammengefaßt.

Sanitätsdinst und Militärmusik sind in der Teilstreitkraft Marine entsprechend den Verwendungen beim Heer und der Luftwaffe.

Die unterschiedlichen Begriffe Truppengattung beim Heer, Dienstbereich bei der Luftwaffe und Verwendungsbereich bei der Marine sind aufgrund der verschiedenen historischen Entwicklungen der Teilstreitkräfte, aber auch ihrer unterschiedlichen technischen Ausstattungen entstanden. Eine größere terminologische Einheitlichkeit wird zukünftig angestrebt.

Im Unterschied zum Heer und der Luftwaffe, die ihren Offiziernachwuchs von vornherein im Rahmen einer Truppengattung bzw. eines Dienstbereiches genau definierten Aufgabenbereichen zuordnen, werden alle Offizieranwärter der Marine nach der Grundausbildung gleichermaßen seemännisch ausgebildet und erhalten ein Praktikum mit einer Ausbildung in

- Schiffsführung
- Operation und
- an Waffen.

Im Anschluß an das Studium an einer Hochschule der Bundeswehr erfolgt dann eine jeweilige Weiterausbildung der Marineoffiziere in folgenden Aufgaben:

- Marinefliegeroffizier
- Offizier im Fachgebiet Marienewaffen
- Offizier im Fachgebiet Marineführungsdienste
- Offizier im Fachgebiet Schiffstechnik
- Offizier im Fachgebiet Marinesicherungsdienst.

Alle Marineoffiziere (außer Strahlflugzeugführeroffizier) können nach Eignung, Neigung und Bedarf im Laufe ihrer Dienstzeit in den Führungsgrundgebieten (Aufgaben) S 1 bis S 4 und Fernmeldewesen/Elektronik eingesetzt werden.

5.3 Organisation der Marine

5.3.1 Flottenkommando

Dem Flottenkommando unterstehen die schwimmenden und fliegenden Kampfverbände der deutschen Marine, die Versorgungsflotille, die amphibische Transportgruppe und die Verbände und Einrichtungen der Marineführungsdienste. An seiner Spitze steht der Befehlshaber der Flotte. Er hat den Rang eines Vizeadmirals. Der Befehlshaber der Flotte ist im Frieden verantwortlich für die Einsatzführung der ihm unterstellten Verbände und Dienststellen. Er ist im Verteidigungsfall zugleich NATO-Befehlshaber.

Im einzelnen unterstehen seiner Führung

- die Zerstörerflottille
- die Schnellflottille
- die Flottille der Minenstreitkräfte
- die Unterseebootflottille
- die Marinefliegerdivision
- die Versorgungsflottille.

Neben der amphibischen Transportgruppe unterstehen dem Befehlshaber der Flotte noch das Marineführungsdienstkommando und die Seetaktische Lehrgruppe. Dem Befehlshaber der Seestreitkräfte der Nordsee können für den Einsatz durch den Befehlshaber der Flotte Verbände jeweils zugeteilt werden.

In der *Zerstörerflottille* sind die größten Kampfeinheiten der Flotte zusammengefaßt. Es sind Zerstörer und Fregatten. Ihr Einsatzgebiet ist vor allem die Nordsee. Hauptaufgaben dieser Einheiten sind die Bekämpfung von Überwasser- und Unterwasserstreitkräften sowie die Abwehr von Luftzielen. Als größte Einheiten der deutschen Marine übernehmen sie auch Führungsaufgaben im Verband.
Außer modernsten Feuerleit- und Waffenleitanlagen sowie Radar für Luft- und Seeraumüberwachung verfügen die Schiffe über Geräte zur elektronischen Kampfführung sowie über ein rechnergestütztes Führungssystem.

Die *Schnellbootflottille* ist die Hauptkomponente der Ostseeverteidigung der deutschen Marine. Die Modernisierung der Schnellboote wurde in den letzten Jahren mit besonderem Vorrang betrieben. Die neuesten und größten dieser Boote sind mit Flugkörpern, Torpedorohren und Fla-Kanonen ausgerüstet. Sie besitzen ein automatisiertes Gefechts- und Informationssystem.

Die *Flottille der Minenstreitkräfte* ist mit Minensuch- und Minenjagdbooten ausgestattet. Sie wird sowohl in der Ost- wie in der Nordsee eingesetzt. Minensuchen und Minenjagd sind verschiedene Methoden der Minenabwehr, wobei letztere die wirtschaftlichere Art der Minenbekämpfung ist, deren Anwendungsmöglichkeit jedoch von der Beschaffenheit des Meeresbodens und/oder den Strömungsverhältnissen im Meer abhängig ist.

Die deutsche *U-Boot-Flottille* ist für Aufgaben in der Ostsee, in den Ostseezugängen und in der Nordsee vorgesehen. Sie besitzt kleine, wendige und gut bewaffnete Boote, die zum Torpedoangriff, zur Fernaufklärung und zum Minenlegen geeignet sind. Die modernsten U-Boote sind schnell, haben eine große Unterwasserfahrstrecke und sind ausgesprochen geräuscharm.
Sowohl zur Schnellboot- wie zur U-Boot-Flottille gehören Tender, die für Wartung, Instandsetzung und Munitionierung der Boote ihrer Flottillen bereitgehalten werden.

In der *Versorgungsflottille* sind eine große Anzahl unterschiedlicher Versorgungs- und Hilfsfahrzeuge zusammengefaßt, die die Kampfeinheiten in See mit allen für die Schiffe und die Besatzungen notwendigen Dienstleistungen und Versorgungsgütern zu betreuen und auszurüsten haben.
Ausgewogene Kräfte sind für eine glaubhafte Abschreckung auch über See erforderlich. Die deutsche Marine hat sich daher für die Bereithaltung von ausreichenden See- und Seeluftstreitkräften in präsenten Verbänden entschieden.

In der *Marinefliegerdivision* verfügt die Marine über die für die Aufgabe notwendigen fliegenden Waffensysteme. Der Befehlshaber der Flotte ist somit in die Lage versetzt, je nach Auftrag die schwimmenden und fliegenden Waffensysteme wechselweise gegenseitig zuordnen zu können.
In der Marinefliegerdivision gibt es Flugzeuge, die als Marinejagdbomber und Abfangjäger sowie Flugzeuge, die als Aufklärer und landgestützte Seefernaufklärer eingesetzt werden können. Sie dienen der Bekämpfung von See- und Küstenzielen sowie der Aufklärung von Seegebieten und küstennahen Bereichen.
Darüberhinaus besitzt die Marinefliegerdivision noch Seenothubschrauber für SAR-Einsätze. Diese sind wetterunabhängig, sie können Nachtbergungen durchführen und im Notfall wassern.

Die dem Befehlshaber der Flotte ebenfalls unterstehende *Amphibische Transportgruppe* umfaßt eine Anzahl Mehrzwecklandungsboote. Sie hat die Aufgabe, die schnelle Verlegbarkeit von Heeresverbänden – insbesondere im Inselgebiet der Ostseezugänge – sicherzustellen.
Alle Flottillen und die Marinefliegerdivision sind in Geschwader unterschiedlicher Zahl unterteilt.

Der Befehlshaber der Flotte führt alle schwimmenden Verbände und die Seeluftstreitkräfte mit Hilfe des *Marineführungsdienstkommandos,* dem wiederum Fernmeldeabschnitte mit nachgeordneten Marinefernmeldegruppen unterstehen. Hierdurch kann eine verzuglose Übermittlung aller Befehle und Informationen gewährleistet werden. Die Marineführungsdienste sind – einschließlich der Fernmelde-Elo-Aufklärung – die Informationsträger für die Darstellung der aktuellen Lageentwicklung und für die Führung der Flotte.

Die *Seetaktische Lehrgruppe* führt Ausbildungsvorhaben zur taktischen Ausbildung der Flotteneinheiten durch und arbeitet im NATO-Rahmen verantwortlich für die Bundesmarine an der taktischen Weiterentwicklung mit.

5.3.2 Marineunterstützungskommando

Das Marineunterstützungskommando ist für die Einsatz- und Nutzungsphase der Seekriegsmittel zuständig. An der Spitze steht der Kommandeur im Range eines Konteradmirals. Er ist für die materielle Einsatzbereitschaft der Flotte verantwortlich. Der Organisationsbereich dieses Kommandos besteht aus den Abteilungen Material und Betrieb. Der nachgeordnete Bereich umfaßt alle landgebundenen Unterstützungsverbände, -einheiten und -einrichtungen.
Dem Kommando sind die Marineabschnittskommandos Nordsee und Ostsee sowie Stützpunkte, Depots, Transportbataillone und Sicherungskompanien unterstellt.

5.3.3 Marineamt

Der dritte große Bereich der Marine ist dem Marineamt (s. Tafel 6) nachgeordnet. An der Spitze dieses Amtes steht der Amtschef im Range eines Konteradmirals. Während das Marineunterstützungskommando für alle gegenwartsbezogenen Unterstützungsaufgaben in der Marine verantwortlich ist, sind im Marineamt die Aufgaben zusammengefaßt, die zukunftsgerichtet sind: Aufgaben zur Bereitstellung von Personal und Material.
Der Amtschef des Marineamtes ist verantwortlich für

- die Einzelausbildung der Angehörigen der Marine und übt die Dienstaufsicht über die unterstellten Ausbildungseinheiten aus
- die Mitwirkung an Planung, Entwicklung und Beschaffung von Wehrmaterial
- die Sicherstellung der ärztlichen Versorgung in der Marine.

Das Marineamt gliedert sich entsprechend diesen Aufgaben in die Abteilungen Ausbildung, Rüstung und Marinesanitätsdienst. Der Admiralarzt der Marine ist zugleich Abteilungsleiter der letztgenannten Abteilung.
Dem Marineamt sind folgende Schulen, Schulschiffe und Dienststellen nachgeordnet:

- Marineschule Mürwik mit unterstellten Schulschiff Deutschland und Segelschulschiff Gorch Fock
- Marineunteroffizierschule
- Marinewaffenschule
- Technische Marineschule 1, zugleich Fachschule der Marine für Schiffsbetriebstechnik
- Technische Marineschule 2

Tafel 6

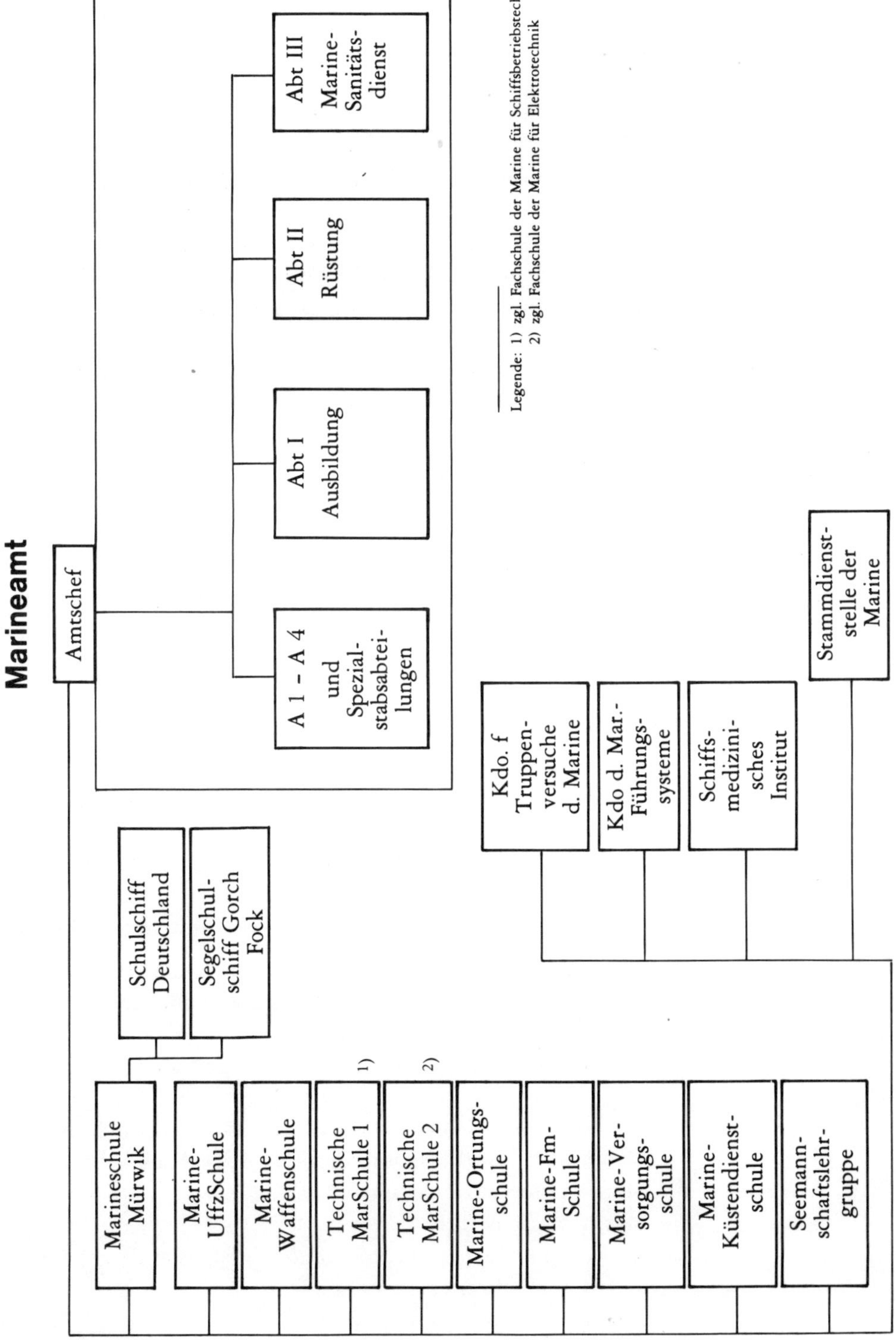
Marineamt
Amtschef
A 1 - A 4 und Spezial-stabsabteilungen
Abt I Ausbildung
Abt II Rüstung
Abt III Marine-Sanitätsdienst
Schulschiff Deutschland
Segelschulschiff Gorch Fock
Marineschule Mürwik
Marine-UffzSchule
Marine-Waffenschule
Technische MarSchule 1 1)
Technische MarSchule 2 2)
Marine-Ortungsschule
Marine-Fm-Schule
Marine-Versorgungsschule
Marine-Küstendienstschule
Seemannschaftslehrgruppe
Kdo. f Truppenversuche d. Marine
Kdo d. Mar.-Führungssysteme
Schiffsmedizinisches Institut
Stammdienststelle der Marine
Legende: 1) zgl. Fachschule der Marine für Schiffsbetriebstechnik
2) zgl. Fachschule der Marine für Elektrotechnik

- Marinefernmeldeschule
- Marineortungsschule, zugleich Fachschule der Marine für Elektrotechnik
- Marineversorgungsschule
- Marineküstendienstschule
- Seemannschaftslehrgruppe
- Kommando für Truppenversuche der Marine
- Kommando der Marineführungssysteme
- Schiffahrtmedizinisches Institut.

Die Stammdienststelle der Marine untersteht direkt dem Amtschef Marineamt. Sie steuert - im Gegensatz zu den Stammdienststellen des Heeres und der Luftwaffe - das gesamte Personal der Marine vom Wehrpflichtigen bis zum Oberstabsbootsmann. Die Personalbearbeitung erfolgt ansonsten bei der Marine wie bei den beiden anderen Teilstreitkräften.

Waffensysteme der Marine*)

Zerstörer (Lütjens-Klasse)

Abb. 21

Besatzung: 337 Mann
Länge: 135 m
Einsatzverdrängung: 4717 t

Geschwindigkeit: ca 33 kn
Bewaffnung: Tartar-Schiff/Luft-FK-Waffensystem, 2 Geschütze 127 m/m), Waffen für U-Boot-Bekpfg.

Unterseeboot (Klasse 206)

Abb. 22

Besatzung: 22 Mann
Länge: 48,0 m
Einsatzverdrängung: 450 t

Geschwindigkeit: 17 kn
Bewaffnung: Torpedorohre, Wurfanlagen für Seeminen

*) *Quelle:* Mit Genehmigung des BMVg, Informations- und Pressestab

Schnellboot (Klasse 148) Abb. 23

Besatzung: 30 Mann
Länge: 47,0 m
Einsatzverdrängung: 265 t

Geschwindigkeit : 35 kn
Bewaffnung: Seezielflugkörper,
2 Kanonen (40 m/m, 76 m/m)

Schnellboot (Klasse 143) Abb. 24

Besatzung: 40 Mann
Länge: 57,5 m
Einsatzverdrängung: 380 t

Geschwindigkeit: 38 kn
Bewaffnung: Seezielflugkörper,
Geschütze 76 m/m,
Torpedorohre

Minenjagdboot (Klasse 331) Abb. 25

Besatzung: 44 Mann
Länge: 47,7 m
Einsatzverdrängung: 465 t

Geschwindigkeit: 16,5 kn
Bewaffnung/Ausrüstung: Geschütze 40 m/m, Minenjagdgerät. Sonst. Geräteausstattung

U-Boot-Tender (Klasse 403 B) Abb. 26

Besatzung: 114 Mann
Länge: 99,0 m
Einsatzverdrängung: 2 460 t

Geschwindigkeit: 20,5 kn
Aufgabe: Logistische Unterstützung der U-Boote in See mit Betriebsstoffen, Torpedos, Ersatzteilen usw.

Marinejagdbomber F-104 G „Starfighter“ Abb. 27

Besatzung: 1 Mann
Geschwindigkeit: Mach 2
Länge: 16,67 m
Spannweite: 6,68 m

Such- und Rettungshubschrauber der Marine (Sea King Mk 41) Abb. 28

Besatzung: 4 Mann
Geschwindigkeit: 240 km/h
Passagiere: max. 22 Personen
Länge: 22,2 m
Aktionsradius: 463 km

6 Das Sanitäts- und Gesundheitswesen der Bundeswehr

6.1 Auftrag und Gliederung

Aus den Erfahrungen der Vergangenheit ergab sich, daß die Bundeswehr beim Aufstellen von Verbänden der Teilstreitkräfte zugleich mit dem Aufbau eines eigenen Sanitätsdienstes begann. Heute steht der Truppe ein funktionsfähiger Sanitätsdienst zur Seite. Er liegt wie bei allen NATO-Partnern in nationaler Zuständigkeit.
Von der Aufgabe der deutschen Streitkräfte ausgehend hat sich der Sanitätsdienst auf die Erfordernisse und Möglichkeiten der Verteidigung auf deutschem Territorium einzustellen. Sein Auftrag lautet unter anderem:

- Sicherstellung und Durchführung der Erhaltung, Förderung und Wiederherstellung der Gesundheit (Einsatzfähigkeit) der Soldaten; dabei Verhinderung von Schäden und Vorbeugung von Krankheiten
- Behandlung und Pflege verwundeter und erkrankter Soldaten
- Transport der Verwundeten und Kranken in die Einrichtungen des Sanitätsdienstes
- Versorgung mit Sanitätsmaterial
- Beratung und Information aller Truppenführer (einschließlich der obersten Bundeswehrführung) in Angelegenheiten des Sanitäts- und Gesundheitswesens
- Sicherstellung sanitätsdienstlicher Informationen auf allen Ebenen.

Der Sanitätsdienst der Bundeswehr unterstützt, wenn notwendig, die alliierten Sanitätsdienste. Er übernimmt im Verteidigungsfall auch die Behandlung und Pflege verwundeter Kriegsgefangener.
Der Sanitäts- und Gesundheitsdienst der Bundeswehr steht im Krieg unter dem Schutz der Genfer Abkommen.
Die erfolgreiche Durchführung des Sanitätsdienstes erfordert im Frieden eine enge Zusammenarbeit mit den öffentlichen Gesundheitsdiensten.

6.2 Aufgaben des Sanitätsdienstes

Der Sanitätsdienst der Bundeswehr (s. Tafel 7) ist in den Teilbereichen Heer, Luftwaffe, Marine und zentraler militärischer Bereich aufgebaut worden. Insoweit sind die Soldaten im Sanitätsdienst Angehörige ihrer Teilstreitkräfte/Bereiche. Das Sanitätspersonal ermöglicht eine bestmögliche gesundheitliche Vorsorge und Fürsoge aller Soldaten, insbesondere der Wehrpflichtigen, und stellt die beste Behandlungsmöglichkeit im Erkrankungs- und Verletzungsfall sicher.

Tafel 7

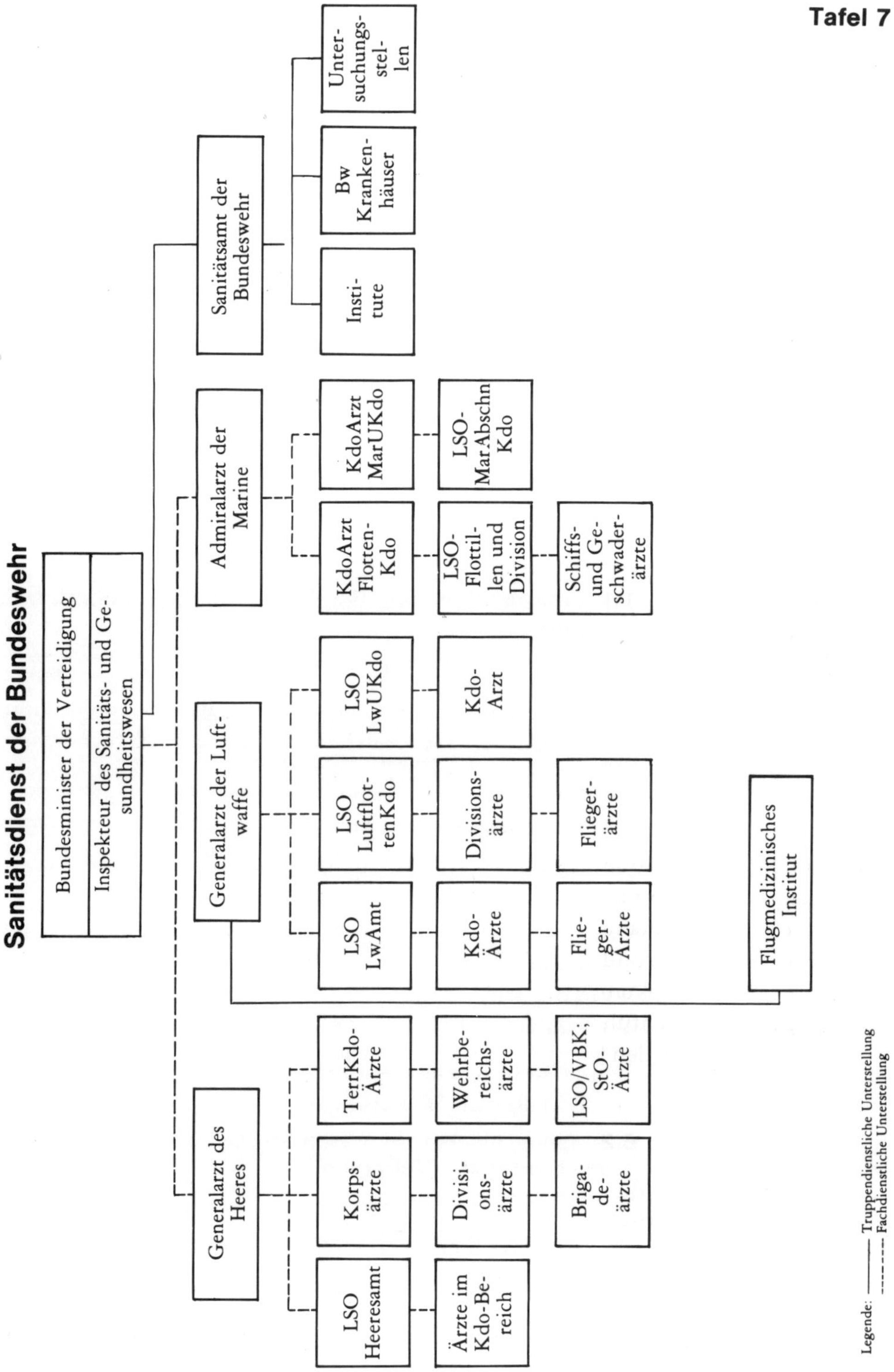
Sanitätsdienst der Bundeswehr
Bundesminister der Verteidigung
Inspekteur des Sanitäts- und Gesundheitswesen
Generalarzt des Heeres
LSO Heeresamt
Ärzte im Kdo-Bereich
Korpsärzte
Divisionsärzte
Brigadeärzte
TerrKdo-Ärzte
Wehrbereichsärzte
LSO/VBK; StO-Ärzte
Generalarzt der Luftwaffe
LSO LwAmt
Kdo-Ärzte
Flieger-Ärzte
LSO LuftflottenKdo
Divisionsärzte
Fliegerärzte
LSO LwUKdo
Kdo-Arzt
Flugmedizinisches Institut
Admiralarzt der Marine
KdoArzt Flotten-Kdo
LSO-Flottillen und Division
Schiffs- und Geschwaderärzte
KdoArzt MarUKdo
LSO-Mar.Abschn Kdo
Sanitätsamt der Bundeswehr
Institute
Bw Krankenhäuser
Untersuchungsstellen
Legende: ——— Truppendienstliche Unterstellung
- - - - - Fachdienstliche Unterstellung

Das Sanitäts- und Gesundheitswesen der Bundeswehr gliedert sich in mehrere große Aufgabengebiete. Diese sind:

- die Wehrmedizin, die alle medizinischen Richtungen umfaßt
- der zahnärztliche Dienst
- der tierärztliche Dienst, der auch die Wahrnehmung hoheitlicher Aufgaben aufgrund des Lebensmittel-, Tierseuchen- und Tierschutzrechts erfordert
- die Wehrpharmazie, der neben der Versorgung mit Arzneimitteln auch fast ausschließlich die Bearbeitung der Sanitätsmaterialwirtschaft obliegt.

Als spezielle Teilaufgaben bei einzelnen Teilstreitkräften seien noch die Gebiete der

- Flugmedizin und
- Tauchermedizin

der Bundeswehr genannt.

6.3 Organisation des Sanitäts- und Gesundheitswesens

Jede Teilstreitkraft der Deutschen Bundeswehr hat einen eigenen Sanitätsdienst aufgebaut, der in die einzelnen Kommandoebenen mit Sanitätsdienststellen und Truppen integriert ist und jeweils einem Generalarzt der Teilstreitkraft fachdienstlich untersteht.

6.3.1 Sanitätsdienst des Heeres

6.3.1.1 Truppensanitätsdienst im Feldheer

Die Soldaten des Truppensanitätsdienstes sind im Feldheer Teil der Einheiten und Verbände. Im Frieden nimmt der Truppensanitätsdienst von den Aufgaben der Heilfürsorge nur solche wahr, die den Truppen- und Zahnärzten obliegen. In einem Verteidigungsfall wird der Sanitätsdienst dann wie folgt durchgeführt:

- Selbst- und Kameradenhilfe durch jeden Soldaten und durch Helfer im Sanitätsdienst
- erste sanitätsdienstliche und ärztliche Hilfe
- erste chirurgische Versorgung
- fachärztliche Behandlung.

Eine endgültige fachärztliche Behandlung übernehmen danach die Sanitätsdienststellen des Territorialheeres.

Der Sanitätsdienst des Feldheeres ist vollmotorisiert, damit schnell beweglich und der Organisation der Verbände des Heeres angepaßt.

Die Sanitätsgruppen auf den verschiedenen Ebenen der Heeresverbände (Brigade, Division, Korps) sind so aufgebaut und ausgestattet, daß sie im Einsatz in unterschiedlicher Zahl Hauptverbandplätze, Ortslazarette, Krankensammelpunkte, Sanitätsmaterialausgabestellen oder Versorgungspunkte Sanitätsmaterial und Feldlazarette einrichten können.

6.3.1.2 Truppensanitätsdienst im Territorialheer

Die beweglichen Sanitätseinheiten und -teileinheiten (Truppensanitätsdienst) des Territorialheeres sind wie die entsprechenden des Feldheeres organisiert und gegliedert.

6.3.1.3 Reservelazarettorganisation

Im Verteidigungsfall werden im Territorialheer Aufgaben des Sanitäts- und Gesundheitswesens gemeinsam für alle Teilstreitkräfte in Sanitätseinheiten der Reservelazarettorganisation wahrgenommen. Hierzu unterstehen

- den Wehrbereichskommandos Stäbe von Reservelazarettregimentern, unter denen alle ortsfesten Lazaretteinrichtungen zusammengefaßt werden, die nicht beweglich oder höchstens verlegefähig sind.
- den Territorialkommandos sog. Stäbe „Sanitätskommando Territorialheer“, die die beweglichen Teile der Reservelazarettorganisation führen.

Wichtigste Teile der Reservelazarettorganisation sind im Verteidigungsfall die Bundeswehrkrankenhäuser, die im Frieden solange dem Sanitätsdienst der Bundeswehr unterstehen, jedoch im Verteidigungsfall zur Reservelazarettorganisation gehören, sowie die im Mobilmachungsfall einzurichtenden Reservelazarettgruppen. Die Reservelazarettorganisation ist – wie bereits betont – ein Teil des Territorialheeres. Damit bleibt sie im Verteidigungsfall auch in nationaler Unterstellung. Sie steht der gesamten Bundeswehr zur Verfügung.

6.3.2 Sanitätsdienst der Luftwaffe

Die truppendienstliche Betreuung und sanitätsdienstliche Versorgung aller Luftwaffensoldaten wird durch Luftwaffensanitätsstaffeln gewährleistet. Es gibt vier Typen solcher Staffeln, die sich nach der Zahl der zu versorgenden Soldaten unterscheiden. Im Verteidigungsfall stellt der kleinste Typ einen Truppenverbandplatz dar, während die drei anderen Typen unter Hinzufügung einer Operationsgruppe Hauptverbandplätze werden.
Dem fliegerärztlichen Dienst in der Luftwaffe wird im Hinblick auf die hohen Anforderungen, die an die fliegenden Besatzungen gestellt werden, besondere Bedeutung beigemessen. Fliegerärzte erhalten eine Ausbildung, die sie mit einer flugme-

dizinisch relevanten Arbeit abschließen müssen, ehe sie die Berechtigung zuerkannt erhalten, die Bezeichnung Fliegerarzt zu führen. Sie werden bei den Geschwadern und Staffeln, sowie im nachgeordneten Bereich des Luftwaffenausbildungs- und des Lufttransportkommandos eingesetzt. Alle Fliegerärzte sind angewiesen, durch Mitfliegen Erfahrungen über die Belastung der Flugzeugbesatzungen zu erwerben.

6.3.3 Sanitätsdienst der Marine

Die truppenärztliche Versorgung in der Marine wird durch Marinesanitätsstaffeln gewährleistet. Diese stellen jedoch nicht nur die Versorgung der Dienststellen an Land sicher; sie sind gleichzeitig zur Unterstützung und Beratung der Schiffsärzte befugt. Marinesanitätsstaffeln liegen in den drei Hauptstützpunkten der Marine. Kleinere Marinesanitätsstaffeln versorgen in bestimmten Standorten die Schulen und Ausbildungseinrichtungen der Marine. Auf den Fliegerhorsten der Marineflieger gibt es Marinefliegersanitätsstaffeln mit den gleichen Aufgaben, wie sie die Sanitätsstaffeln der Luftwaffe haben.
Die Schiffs- und Geschwaderärzte verrichten den Dienst in den Schiffslazaretten der Fregatten, Zerstörer und Tender. Es sind überwiegend junge Sanitätsoffiziere im Grundwehrdienst, die auf Grund der Eigenart ihres Dienstes besonderen Belastungen ausgesetzt sind. Oft müssen sie z.B. kleinere und mittlere chirurgische Eingriffe auf Schiff selbst durchführen.
Dem Admiralarzt der Marine untersteht noch das Schiffahrtmedizinische Institut der Marine. Dieses bearbeitet in vier Abteilungen Fragen und Probleme der Schiffahrtmedizin, der Physiologie, der Taucher- und Überdruckmedizin und der Ergonomie.

6.3.4 Die Zentralen Sanitätsdienststellen der Bundeswehr

Neben den Sanitätsdiensten für die drei Teilstreitkräfte gibt es den Organisationsbereich, der für die Gesamt-Bundeswehr tätig ist: Die Zentralen Sanitätsdienststellen der Bundeswehr. Dieser Bereich untersteht dem Inspekteur des Sanitäts- und Gesundheitswesens nicht nur fachdienstlich, wie die Sanitätsdienste der Teilstreitkräfte, sondern auch truppendienstlich.

6.3.4.1 Sanitätsamt der Bundeswehr

Dem Bundesminister der Verteidigung/InSan unmittelbar nachgeordnete Dienststelle für diesen Bereich ist das Sanitätsamt der Bundeswehr (s. Tafel 8). Neben einer Stabsleiste G 1 bis G 4, die der eines militärischen Stabes entspricht, verfügt dieses Amt über vier Abteilungen, die sanitätsdienstliche Spezialaufgaben bearbeiten:

Abteilung I: Sondergebiete der Gesundheitspflege
Abteilung II: Gesundheitsdienst
Abteilung III: Sanitätsmaterial und Wehrpharmazie
Abteilung IV: Tuberkulose-Überwachung.

Tafel 8

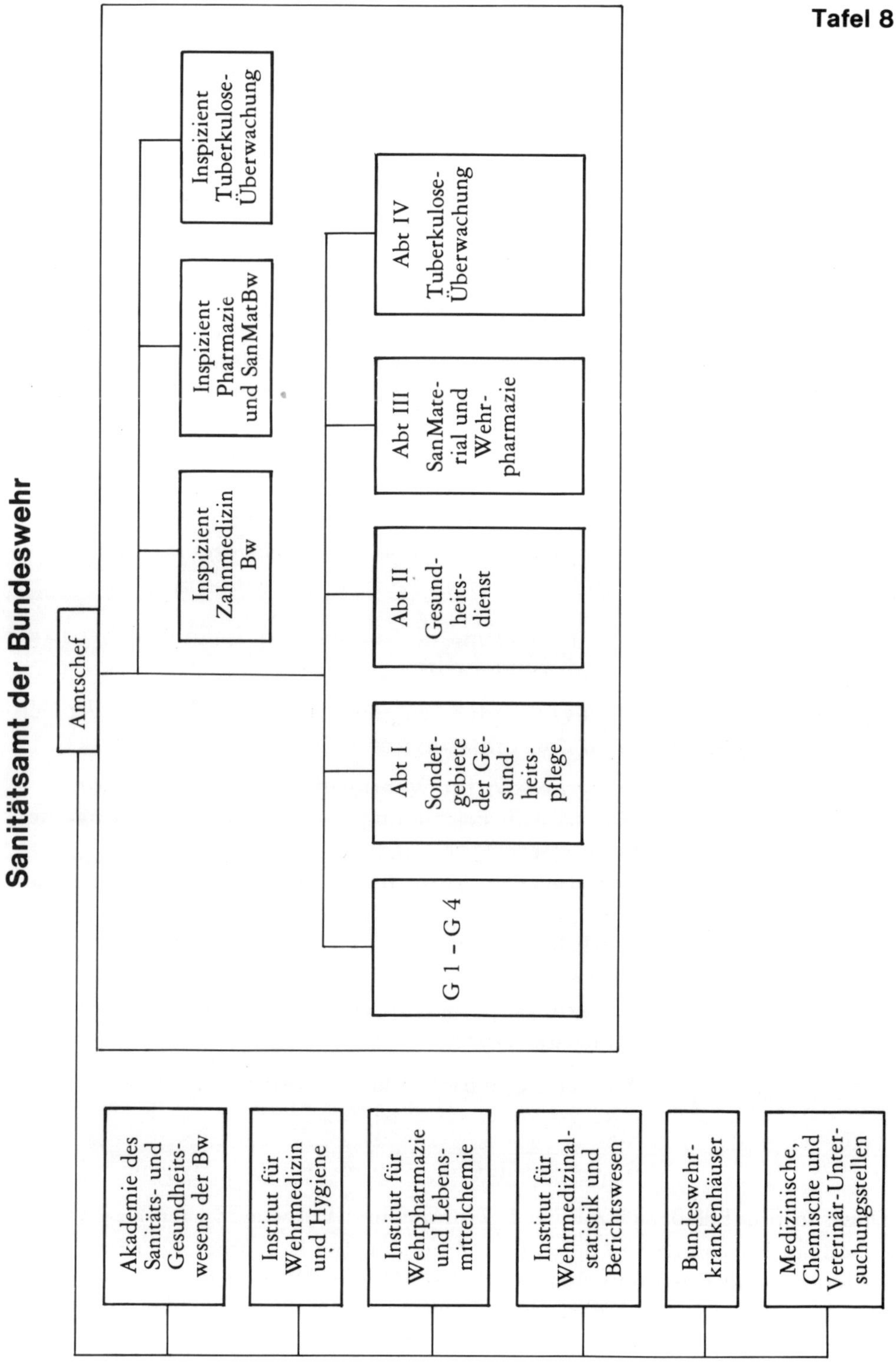
Sanitätsamt der Bundeswehr
Amtschef
Inspizient Zahnmedizin Bw
Inspizient Pharmazie und SanMatBw
Inspizient Tuberkulose-Überwachung
G 1 - G 4
Abt I Sonder-gebiete der Ge-sund-heits-pflege
Abt II Gesund-heits-dienst
Abt III SanMate-rial und Wehr-pharmazie
Abt IV Tuberkulose-Überwachung
Akademie des Sanitäts- und Gesundheits-wesens der Bw
Institut für Wehrmedizin und Hygiene
Institut für Wehrpharmazie und Lebens-mittelchemie
Institut für Wehrmedizinal-statistik und Berichtswesen
Bundeswehr-krankenhäuser
Medizinische, Chemische und Veterinär-Unter-suchungsstellen

Dem Amtschef, der im Range eines Generalstabsarztes ist, unterstehen außerdem unmittelbar drei Inspizienten:

- Inspizient Zahnmedizin der Bundeswehr
- Inspizient Pharmazie und Sanitätsmaterial der Bundeswehr
- Inspizient Veterinärmedizin der Bundeswehr.

Gegenüber allen übrigen zentralen Sanitätsdienststellen der Bundeswehr ist das Sanitätsamt vorgesetzte Kommandobehörde. Sie werden nachstehend aufgeführt.

6.3.4.2 Bundeswehrkrankenhäuser

Es gibt solche mit 600, mit 400 und mit 200 Betten. Die Bundeswehrkrankenhäuser entsprechen in ihrer Ausrüstung und der Leistungsfähigkeit den zivilen Krankenhäusern entsprechender Größe.
Neben der Untersuchung und Behandlung von Kranken wird teilweise die Weiterbildung von Sanitätsoffizieren zum Facharzt und an den den Bundeswehrkrankenhäusern angegliederten Krankenpflegeschulen die Ausbildung in der Krankenpflege für Unteroffiziere und Mannschaften des Sanitätsdienstes betrieben.

6.3.4.3 Akademie des Sanitäts- und Gesundheitswesens der Bundeswehr

Sie ist die zentrale Ausbildungsstätte für den gesamten Sanitätsdienst in der Bundeswehr und gliedert sich in drei Lehrgruppen:

- Lehrgruppe A für Wehrmedizin und Sanitätsführung. Hier wird die Fortbildung von Sanitätsoffizieren einschließlich Reservesanitätsoffizieren betrieben.
- Lehrgruppe B für medizinisch-technisches Hilfspersonal. Hier erfolgt die Ausbildung von San-Unterführern zum San-Feldwebel und die Durchführung von Verwendungslehrgängen.
- Lehrgruppe C für Offizier- und Unteroffizieranwärter des Sanitätsdienstes.

  Hier erfolgt die Ausbildung dieses Nachwuchses.

6.3.4.4 Institut für Wehrmedizin und Hygiene

Dieses Institut befaßt sich mit der Erkennung und Vorbeugung von Krankheiten; es betreibt Forschungen zu deren Entstehung im Hinblick insbesondere auf die Erfordernisse und Eigentümlichkeiten der militärischen Umwelt.
Daneben nimmt das Institut die Aufgaben einer medizinischen Untersuchungsstelle im Wehrbereich IV wahr.

6.3.4.5 Institut für Wehrpharmazie und Lebensmittelchemie

Aufgaben dieses Instituts sind:

- Prüfungen von Arzneimitteln und Lebensmitteln
- spezielle Untersuchungen von Arznei- und Verbandmitteln hinsichtlich Lagerfähigkeit und Haltbarkeit
- Prüfungen der Einwirkungen ionisierender Strahlen auf Lebens- und Arzneimittel
- Untersuchungen und Begutachtungen von Vergiftungsfällen.

Das Institut nimmt daneben die Aufgaben einer medizinischen Untersuchungsstelle im Wehrbereich VI wahr.

6.3.4.6 Institut für Wehrmedizinalstatistik und Berichtswesen

Aufgabe dieses Instituts ist es, die Krankenurkunden über die Soldaten der Bundeswehr zu sammeln und wehrmedizinalstatistische Auswertungen und Berichte zu machen.

6.3.4.7 Medizinische, chemische und Veterinär-Untersuchungsstellen der Bundeswehr

Diese Stellen befinden sich in den Wehrbereichen. Sie sind zumeist am Sitz der Wehrbereichskommandos.
Die Untersuchungsstellen nehmen vielfältige Aufgaben wahr und stehen als Laboratorien und diagnostische Zentren den Sanitätsoffizieren in den Wehrbereichen zur Verfügung.

Auf Weisung des Bundesministers der Verteidigung wurde untersucht, ob eine Zusammenfassung der Sanitätsdienste der Teilstreitkräfte im zentralen Bereich optimaler als die derzeitige, aufgeteilte Organisationsform ist. Nach seiner Entscheidung im Juni 1978 bleibt es jedoch grundsätzlich bei der truppendienstlichen Zuordnung des Sanitätspersonals zu den Teilstreitkräften.

7 Die Zentralen Militärischen Dienststellen der Bundeswehr

7.1 Auftrag und Gliederung

Neben den unterschiedlichen Aufgaben, die von den Teilstreitkräften Heer, Luftwaffe und Marine sowie vom Sanitäts- und Gesundheitswesen der Bundeswehr wahrgenommen werden, gibt es gemeinsame Aufgaben der Streitkräfte. Hierbei handelt es sich um Tätigkeiten, die übergreifend bei mehreren oder allen Teilen der Streitkräfte oder für alle Teile ausgeübt werden müssen. Darüberhinaus werden Ausbildungseinrichtungen benötigt, die gemeinsame Ausbildung für die gesamten Streitkräfte betreiben können.

Diese Ämter, Einrichtungen, Schulen und Dienststellen sind im Bereich der Zentralen Militärischen Dienststellen der Bundeswehr (ZMilDBw) zusammengefaßt. Einzelne Aufgaben, die hier getätigt werden, gehen sogar über den Streitkräftebereich hinaus und werden für andere Teile der Bundeswehr mit wahrgenommen.

Eine bestimmte Anzahl gemeinsamer Aufgaben ist aus Zweckmäßigkeitsgründen einzelnen Teilstreitkräften zugeordnet, die diese dann im sogenannten „Pilotdienst" für andere Teilstreitkräfte mit wahrnehmen. Eine solche Aufgabe ist z.B. die militärische Flugsicherung, die von der Luftwaffe für die anderen Teilstreitkräfte mitbearbeitet wird.

Da der zentrale Bereich keine eigene Teilstreitkraft bildet und das benötigte Personal nicht selber auswählt, aus- und weiterbildet, muß er sich personell auf die Bereiche Heer, Luftwaffe und Marine abstützen. Dazu wurde ein Abgabeschlüssel für Personal festgelegt, der dem Stärkeverhältnis der drei Teilstreitkräfte entspricht.

Truppendienstlicher Vorgesetzter dieses Organisationsbereiches, der - es sei nochmals erwähnt - keine weitere Teilstreitkraft darstellt, ist der Stellvertreter des Generalinspekteurs. Er ist im Range eines Generalleutnants. Zur Wahrnehmung der truppendienstlichen Aufgabe benutzt er den Führungsstab der Streitkräfte - neben dessen eigentlicher Aufgabe als Stab des Generalinspekteurs - als Kommandostab.

Bei den Teilstreitkräften ergibt die Summe aller Einzelaufgaben, die auf die Einheiten, Verbände usw. verteilt sind, jeweils eine Gesamtaufgabe: z.B. die Aufgabe, den Luftkrieg führen zu können.

Im Bereich der Zentralen Militärischen Dienststellen der Bundeswehr dagegen ist eine Summierung der Einzelaufgaben als geschlossene Aufgabe „Zentraler Bereich" nicht möglich. Jede einzelne Dienststelle, jedes Amt, jede Schule dieses Bereiches ergänzt jedoch die Aufgaben aller Teile der gesamten Streitkräfte, sodaß insgesamt dadurch erst die Dienstleistung „Streitkräfte" entsteht.

Der zentrale Organisationsbereich der Streitkräfte besteht also aus sehr unterschiedlichen Teilen. Er kann generell in

- Dienststellen im Inland und
- Dienststellen im Ausland

eingeteilt werden.

Im Inland gehören zu diesem Bereich insbesondere mehrere Ämter, Schulen, einschließlich der beiden Bundeswehr-Hochschulen, sonstige Ausbildungseinrichtungen und eine Anzahl kleinerer Dienststellen.
Dienststellen im Ausland sind

- Logistische Dienststellen
- Deutsche Vertretungen bei NATO-Dienststellen
- Deutsche Anteile bei integrierten Stäben
- Militärattaché-Stäbe bei den diplomatischen Vertretungen.

7.2 Organisation der ZMilDBw

Die Organisation dieses Bereichs ist nicht, wie bei den bisher behandelten Bereichen, von Ebene zu Ebene aufgebaut, da die Beziehungen der verschiedenen Dienststellen zueinander oft geringer sind, als ihre Funktionen gegenüber den übrigen Streitkräfte-Bereichen. Insofern sagt ein Gliederungsbild wenig aus. Es bleibt daher nur übrig, wenigstens die wichtigsten Dienststellen der ZMilDBw aufzuführen und ihre Aufgaben zu nennen (s. Tafel 9).
Das *Streitkräfteamt* nimmt als „Oberbehörde" streitkräfte- und bundeswehrgemeinsame Aufgaben wahr. Es ist befugt, hierin Anweisungen für den Gesamtbereich der Steitkräfte bzw. der Bundeswehr zu erlassen. Es plant, entscheidet und überwacht folgende Teilgebiete in den Streitkräften:

- Militärisches Kraftfahrwesen
- Musikwesen
- Feste Fernmeldeanlagen
- Militärgeographischer Dienst (einschließlich Militärgeologie und Militärgeodäsie)
- Reservistenarbeit (Bemerkung: Entscheidungen über die Konzeption trifft der Bundesminister der Verteidigung)
- genau umrissene Aufgaben der Öffentlichkeitsarbeit.

Auf anderen, festgelegten Gebieten werden im Streitkräfteamt die Grundlagen für Entscheidungen im Bundesministerium der Verteidigung erarbeitet.
Das Streitkräfteamt ist Kommandobehörde für die truppendienstlich unterstellten Dienststellen der ZMilBDw.
Für den Gesamtbereich der Zentralen Militärischen Dienststellen der Bundeswehr (auch den truppendienstlich nicht unterstellten Dienststellen dieses Bereiches) führt das Streitkräfteamt abschließend bestimmte Aufgaben durch, u.a. auf den Gebieten

- G 1-Meldewesen
- Absicherung
- Alarmwesen und Mobilmachung
- Organisations-, Stärke- und Ausrüstungsnachweis
- Streitkräfteplan- und Programmerstellung
- Haushaltsführung.

Die Zentralen Militärischen Dienststellen der Bundeswehr

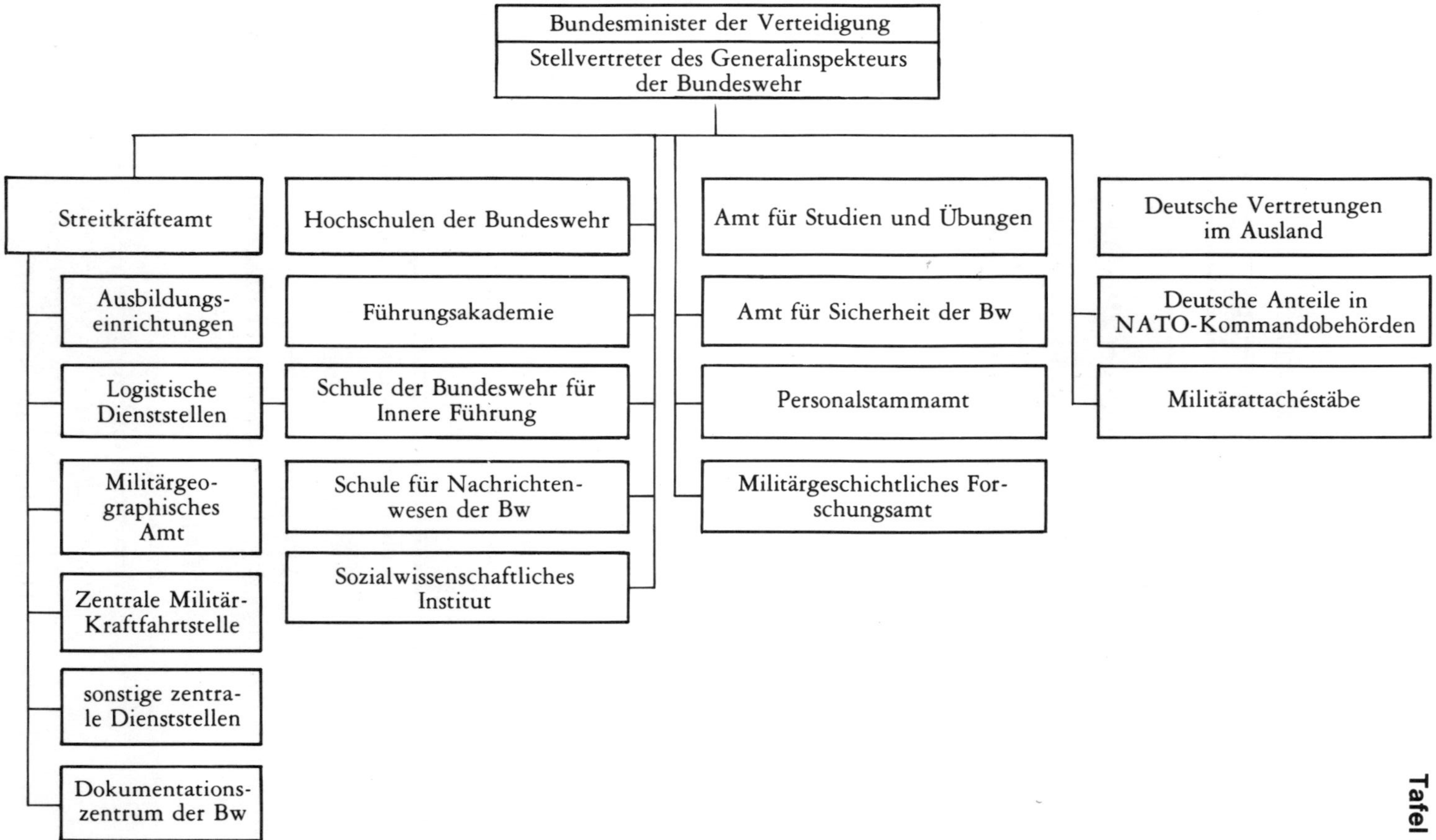

Tafel 9

7.2.1 Ausbildungseinrichtungen

Die beiden *Hochschulen der Bundeswehr* in Hamburg und München dienen dem wissenschaftlichen Studium von Offizieren der Bundeswehr.
Sie sind als Hochschulen anerkannte Einrichtungen im Geschäftsbereich des Bundesministers der Verteidigung und „bereiten die Offiziere auf eine berufliche Tätigkeit vor, die die Anwendung wissenschaftlicher Erkenntnisse und wissenschaftlicher Methoden erfordert" (OSTAN-Entwurf Hochschule Bundeswehr).
Abweichend von den Regelungen bei den übrigen ZMilDBw unterstehen die Präsidenten der beiden Hochschulen unmittelbar dem Minister.
Die höchste zentrale und militärfachliche Bildungsinstitution der Streitkräfte ist die *Führungsakademie der Bundeswehr.* An ihr werden alle Offiziere der Streitkräfte ausgebildet, die

- als Offiziere des Truppendienstes im Rang von Hauptleuten/Kapitänleutnanten zum Stabsoffizier heranstehen, sowie
- als Stabsoffiziere für Stabsarbeit und Spezialfunktionen bzw. für eine Verwendung als Generalstabs- oder Admiralstabsoffizier vorgesehen sind.

Die *Schule der Bundeswehr für Innere Führung* soll – ihrem Auftrag entsprechend – den Fragen der Inneren Führung mit wissenschaftlichen Methoden nachgehen und deren Grundsätze lern- und lehrbar machen. Die Weitergabe der Erkenntisse erfolgt derzeit durch

- Ausbildung von Lehroffizieren und Dozenten für die Schulen der Streitkräfte
- Vermittlung politischer Bildung an Offiziere und Unteroffiziere
- Unterweisung von Jugendoffizieren in der Informationsarbeit.

Seit längerem sind Überlegungen im Gange, wie man die Kapazität dieser Schule erweitern und sie vermehrt zu einem Zentrum der Bundeswehr für die Innere Führung machen kann.

Die *Schule für Nachrichtenwesen der Bundeswehr* und die *Logistikschule der Bundeswehr* bereiten Personal auf Führungs- und Spezialverwendungen im Nachrichtenwesen bzw. in den logistischen Verfahren vor.

Eine zentrale Lehrstätte besonderer Art ist die *Schule der Bundeswehr für Psychologische Verteidigung.* Sie wertet insbesondere die Erkenntnisse wehrpsychologischer und wehrsoziologischer Art und die psychologische Entwicklung in Staaten aus, die sich als Gegner von NATO-Streitkräften verstehen. Hierbei werden Erkenntnisse über psychologische Lage und Kampf fremder Streitkräfte gesammelt. Diese Schule ist die Forschungsstätte für Grundlagen- und Grundsatzerarbeitung auf dem Gebiet der Psychologischen Verteidigung (PSV).

An der *Sportschule der Bundeswehr* wird die Aus- und Weiterbildung von Sportleitern, Riegenführern und Hilfssportleitern betrieben. Daneben werden Sonderlehrgänge für Fachsportleiter, Sanitätsoffiziere und Kompanieführer durchgeführt.
In zwei Lehrkompanien in Sonthofen und in Warendorf werden Spitzensportler, das sind Angehörige der Nationalmannschaften, und die aussichtsreichsten Anwärter darauf gefördert.
Das *Zentrum für Programmierte Ausbildung in den Streitkräften* erarbeitet Ausbildungsprogramme und erstellt programmierte Unterrichtshilfen. Es unterstützt die Teilstreitkräfte hierin bei ihren Arbeiten. Fachleute dieses Zentrums arbeiten besonders bei der methodischen Gestaltung und der technischen Ausführung bundeswehreigener Programme mit.
Zu Fragen und Problemen der Bundeswehr und zu Fragen des Verhältnisses von Bundeswehr und Gesellschaft betreibt das *Sozialwissenschaftliche Institut der Bundeswehr* Grundlagen- und angewandte Forschung. Die Untersuchungsergebnisse des Instituts werden bei den politischen und administrativen Planungen des Verteidigungsministeriums als Entscheidungshilfen herangezogen.

7.2.2 Ämter

Das *Amt für Studien und Übungen der Bundeswehr* besteht aus zwei Abteilungen, die in enger Beziehung zueinander stehen:

- Abteilung Studien
- Abteilung Übungen.

Im Studienbereich werden Stabsstudien für Zwecke der militärischen Planung und Führung im Verteidigunsministerium erarbeitet. Darüberhinaus unterstützt diese Abteilung die verschiedenen Teilbereiche im Verteidigungsministerium durch Erarbeiten von wissenschaftlichen Untersuchungen für Führungsweisungen und Entscheidungen des Bundesministers der Verteidigung sowie von Beiträgen und Empfehlungen in militärpolitischen und strategischen Angelegenheiten.
Im Bereich Übungen werden NATO- und bundeswehrgemeinsame Übungen für die deutschen Streitkräfte – zum Teil einschließlich auch des Verwaltungs- und Rüstungsbereichs des Verteidigungsressorts – vorbereitet, mit Hilfe des gesamten Amtes als Leitungsorgan durchgeführt und ausgewertet.
Es ist daran gedacht, dieses Amt zu einem späteren Zeitpunkt durch eine enge Verzahnung mit OR-Kapazitäten zu einem wissenschaftlichen Institut auszubauen.
Der militärische Abschirmdienst (MAD) versieht im Bereich der Bundeswehr die nachrichtendienstliche Aufgabe. An der Spitze dieses Aufgabenbereiches steht das *Amt für Sicherheit der Bundeswehr* (ASBw).
Während die zentralen Angelegenheiten des militärischen Personals und die Personalbearbeitung der Offiziere in der Abteilung Personal (Abt P) des Verteidigungsministeriums erfolgt, die Personalbearbeitung der Unteroffiziere (bei der Marine auch der Mannschaften) überwiegend in den drei Stammdienststellen durch-

geführt wird, gibt es im zentralen Bereich der Streitkräfte ein Amt, dem die Personalbearbeitung der Offizieranwärter und der Reserveoffiziere aller drei Teilstreitkräfte obliegt: das *Personalstammamt der Bundeswehr.* Dieses Amt steuert auch die Einstellung von Freiwilligen und führt die Offizierbewerber-Prüfungen durch.
Das *Militärgeschichtliche Forschungsamt* treibt militärgeschichtliche Forschungsarbeit und gibt Arbeitshilfen in Forschung und Lehre. Es betreibt Militärgeschichte als Teil allgemeiner Geschichtswissenschaft, wobei alle denkbaren Aspekte sozialer, wirtschaftlicher, rechtlicher und ideologischer Art einbezogen werden, wenn die bewaffnete Macht und ihre Funktion berührt ist.
Das *Materialamt der Bundeswehr* arbeitet an der Planung, Entwicklung und Nutzung des Wehrmaterials und wirkt bei den logistischen Forderungen an das Wehrmaterial mit.

Eine wesentliche Aufgabe dieses Amtes ist die Erarbeitung von Grundlagen und bundeswehreinheitlichen Verfahren für

- Standardisierung des Wehrmaterials
- Material- und Ausstattungsgrundlagen
- Materialbedarfsdeckung
- Materialbewirtschaftung
- Materialkatalogisierung
- Materialerhaltung einschließlich Konservierung/Verpakkung und Kalibrierung.

Das Materialamt der Bundeswehr nimmt gemeinsam mit der „Dienststelle für maschinelles Berichtswesen der Bundeswehr“ die Funktion einer Bundesmaterialkatalogisierungszentrale wahr.
Wiederum eine Dienststelle besonderer Art ist das *Militärgeographische Amt.* Es zählt zu den Versuchs- und Forschungsanstalten des Bundes. Das Amt ist die zentrale wissenschaftliche Bearbeitungsstelle der Bundeswehr auf den Gebieten Geodäsie (Vermessungs-, Karten- und Luftbildwesen), Geographie und Geologie. Es ist daneben die zentrale technische Produktionseinrichtung der Bundeswehr auf dem Gesamtgebiet des militärgeographischen Wesens.
Das Militärgeographische Amt gibt deutsche, militärische Kartenserien heraus. Das *Amt für Fernmeldewesen der Bundeswehr* steuert und koordiniert Aufgaben seines Fachgebietes. Seine Aufgabe nimmt es auch gegenüber den Teilstreitkräften wahr. Hierzu führt das Amt Fachlehrgänge und Einweisungen durch. Das Amt bearbeitet verantwortlich das Fernmeldegerät seines Fachbereiches.
Eine neuartige und für bestimmte Aufgaben unabdingbare zentrale militärische Dienststelle der Bundeswehr ist auch das *Dokumentationszentrum der Bundeswehr.* Dieser Dienststelle obliegt die Durchführung der Dokumentation innerhalb der Bundeswehr.
Das Zentrum tauscht Informationen innerhalb und außerhalb der Bundeswehr aus und steht in Verbindung mit den Dokumentationszentren der Streitkräfte der NATO-Staaten.

Es gibt in der Bundeswehr auch Themenkreise, die dezentralen Dokumentationsstellen zugewiesen sind oder werden. In diesen Fällen überwacht das Dokumentationszentrum der Bundeswehr die einheitliche Durchführung auch dieser Dokumentation.
Die Dienststelle vertritt die Bundeswehr in allen grundsätzlichen Dokumentationsangelegenheiten gegenüber allen außerhalb der Bundeswehr existierenden Dokumentationsstellen.
Zwei Dienststellen, die zwar im Wortsinn keine Ämter sind, aber weit übergreifende Aufgaben innerhalb der Bundeswehr wahrnehmen, müssen ebenfalls hier erwähnt werden: Die Zentrale Militärkraftfahrtstelle und die Transportdienststelle West der Bundeswehr.
Die *Zentrale Militärkraftfahrtstelle* erfaßt und registriert alle Vorgänge im militärischen Kraftfahrwesen, die sich aus dem Straßenverkehrsrecht und den militärischen Vorschriften ergeben. Sie führt auch die entsprechende Auswertung dieser Vorgänge durch. Im Rahmen ihrer Aufgaben verkehrt sie mit den entsprechenden Behörden des Bundes und der Länder sowie den Dienststellen der Bundeswehr.
Innerhalb des Bereiches der Bundeswehr erstellt die Zentrale Militärkraftfahrtstelle u.a. die Unterlagen zur Erteilung von Betriebserlaubnissen für Fahrzeuge und stellt die Fahrzeugbriefe oder gleichartige Dokumente aus.
Die *Transportdienststelle West der Bundeswehr* plant, veranlaßt und steuert den Umschlag von militärischen Luft- und Seetransportgütern. Sie ist verantwortlich für alle damit zusammenhängenden Arbeitsvorgänge, z.B. dem Erstellen der Frachtdokumente, dem Prüfen und Abrechnen der entsprechenden Rechnungen usw. Die Transportdienststelle stellt den zivilen oder militärischen Seetransportraum für die nationalen und alliierten Bedarfsträger bereit.
Darüberhinaus gibt es im Bereich der Zentralen Militärischen Dienststellen der Bundeswehr eine Anzahl kleinerer Dienststellen und Einheiten, die Spezialaufgaben zu erledigen haben. Hierzu gehört z.B. auch die *BigBand der Bundeswehr.*

7.2.3. Dienststellen im Ausland

Die enge Zusammenarbeit mit unseren Partnern im Bündnis ist ein lebensnotwendiges Element der deutschen Sicherheits- und Verteidigungspolitik. Daher arbeiten in allen NATO-Kommandobehörden, deren Befehlsbereich den Raum der Bundesrepublik Deutschland berührt, deutsche Offiziere mit. Es geschieht entweder in der Form einer *Deutschen Vertretung* bei der NATO-Dienststelle oder eines *Deutschen Anteils* in einer NATO-Kommandobehörde. Dies gilt nicht nur für NATO-Dienststellen im Ausland, sondern selbstverständlich auch für NATO-Kommandobehörden, die auf dem Boden der Bundesrepublik Deutschland stationiert sind.
In einer Anzahl von Ländern unserer NATO-Partner befassen sich *Deutsche Logistische Bevollmächtigte* bzw. in den USA und Kanada der *Deutsche Militärische Bevollmächtigte* mit logistischen Aufgaben. Dies ist notwendig, da die Logistik im Frieden und in einem Verteidigungsfall unter nationaler Verantwortung betrieben wird.

Militärattachéstäbe haben die Aufgabe, Informationen über alle militärischen und militärpolitischen Angelegenheiten des Gastlandes einzuholen. Wir unterscheiden zwischen dem Verteidigungsattaché, dessen Aufgabe es ist, die gemeinsamen Belange der Bundeswehr wahrzunehmen, und den Heeres-, Luftwaffen- und Marineattachés.
Die Attachés sollen ein ständiges Bild über die militärische Situation des Landes liefern, bei dem sie akkreditiert sind. Eine weitere Funktion, die als Nebeneffekt entsteht, sollte nicht übersehen werden: Das gegenseitige Kennenlernen beider Streitkräfte, der des entsendenden und der des Gastlandes, führt auch zum besseren Verständnis zwischen den Völkern.
Die Attachés unterstehen in allgemein dienstlicher Hinsicht dem Leiter der diplomatischen Vertretung im Gastland. Truppendienstlich untersteht der Verteidigungsattaché dem Stellvertreter des Generalinspekteurs, während er wiederum truppendienstlicher Vorgesetzter der übrigen Militärattachés ist.
Die in diesem Abschnitt genannten deutschen Dienststellen im Ausland gehören zum Bereich der Zentralen Militärischen Dienststellen der Bundeswehr.
Es soll hier erwähnt werden, daß das Heer, die Luftwaffe und die Marine auch teilstreitkrafteigene Dienststellen im Ausland haben. Darüberhinaus sind zu Heeres-, Luftwaffen- und Marinekommandobehörden der NATO, die ausschließlich teilstreitkraftbezogene Aufgaben durchführen, deutsche Anteile des Heeres, der Luftwaffe oder der Marine abgeordnet, die in diesem Falle dem Bereich ihrer Teilstreitkraft angehören.

8 Die Spitzenorganisation der Streitkräfte

8.1 Stellung der militärischen Stäbe im Ministerium

Die fünf Teilbereiche der Gesamtstreitkräfte - Heer, Luftwaffe, Marine, Sanitäts- und Gesundheitswesen und die Zentralen Militärischen Dienststellen der Bundeswehr - werden durch die vier Führungsstäbe und die Inspektion des Sanitäts- und Gesundheitswesens im Bundesministerium der Verteidigung überwölbt. Diese fünf Stäbe bilden die Spitze der Streitkräfte.
Über diese Spitzenorganisation erfolgt die militärische Planung sowie die gesamte Bundeswehrplanung, der Auf- und Ausbau der Streitkräfte, deren Organisation und die truppendienstliche Führung aller militärischen Teilbereiche.
Das Bundesministerium der Verteidigung ist sowohl ein Organ der Bundesregierung als auch ein nach unten in die Streitkräfte wirkendes Führungsinstrument. Alle Teile dieses Ministeriums, auch die Spitzen der Bundeswehrverwaltung und des Rüstungsbereiches, wirken trotz ihrer verschiedenen Aufgaben als ein Ganzes. Die Führungsstäbe und die Inspektion des Sanitäts- und Gesundheitswesens üben ihre Befugnisse in den militärischen Teilbereichen als militärische Stäbe wie auch als Abteilungen des Ministeriums aus. Sie sind die Organe des Generalinspekteurs und der Inspekteure. Zugleich muß das Ministerium als ein „Gesamtstab" des Verteidigungsministers angesehen werden.
Historische Erkenntnisse und die Erfahrung mit früheren deutschen Formen der militärischen Spitze haben zu dieser Einfügung der militärischen Spitzenorganisation in das politische Gefüge der Bundesrepublik Deutschland geführt. Sie ist funktionsfähig und zweckmäßig.

8.2 Der Inhaber der Befehls- und Kommandogewalt

In der deutschen Bundeswehr besitzt die Politik den Primat. An der Spitze der deutschen Streitkräfte steht der Bundesminister der Verteidigung, der für die Führung dieser Armee uneingeschränkt verantwortlich ist. Er untersteht als Mitglied der Regierung der parlamentarischen Kontrolle und damit auch das von ihm geführte Instrument: Die Bundeswehr.
Mit der Einfügung der militärischen Spitze der Bundeswehr in das Verteidigungsministerium liegt der militärische Bereich voll in der Verfassungsrealität dieses Staates.
Der Bundesminister der Verteidigung ist im Frieden der Inhaber der Befehls- und Kommandogewalt. Dies bestimmt das Grundgesetz in Artikel 65 a. Aus dieser Hervorhebung im Grundgesetz ergibt sich, daß die Befehls- und Kommandogewalt über die Streitkräfte eine eigenständige Befugnis des Verteidigungsministers ist, die neben den normalen Exekutivbefugnissen steht, die jeder Minister gegenüber seinem nachgeordneten Bereich besitzt. Um in einem Krieg die Einheitlichkeit der politischen und der militärischen Führung sicherzustellen, legt das Grundgesetz in Ar-

tikel 115 b fest, daß mit der Verkündung des Verteidigungsfalles die Befehls- und Kommandogewalt auf den Bundeskanzler übergeht.
Der Verteidigungsminister ist höchster Vorgesetzter aller Soldaten der Bundeswehr. Alle Weisungen und Befehle an die Streitkräfte ergehen von ihm oder in seinem Auftrag von den Offizieren, auf die er bestimmte Befugnisse delegiert hat.
Dem Verteidigungsminister stehen seit dem Jahr 1969 ein Parlamentarischer Staatssekretär und zwei weitere Staatssekretäre zur Verfügung, die mit ihm zusammen – nach einem in der Wirtschaft vergleichbaren „Kollegialprinzip" – die Leitung des Ministeriums bilden. Gemäß der Dreiteilung des Ressorts in Streitkräfte, Rüstungsbereich und Bundeswehrverwaltung sind diesen drei Staatssekretären Aufgaben zur Erledigung zugeteilt. Der Parlamentarische Staatssekretär erfüllt daneben noch die politische Verbindungsfunktion, die er für den Minister im Verhältnis zum Parlament wahrnimmt.
In der Regierung wird der Bundesminister der Verteidigung im Falle einer Verhinderung der Ausübung seiner Tätigkeit von einem durch Kabinettsbeschluß dazu bestimmten Minister vertreten.
Der Generalinspekteur nimmt auf Einladung des Ministers regelmäßig an den Besprechungen der Leitung teil.

8.3 Der Generalinspekteur der Bundeswehr

Der Generalinspekteur der Bundeswehr ist der ranghöchste Soldat und damit der höchste militärische Repräsentant der Bundeswehr.
Um die Stellung und die Funktion des Generalinspekteurs hat es in den ersten Jahren des Aufbaus der neuen deutschen Streitkräfte innerhalb der militärischen Spitze Auffassungsunterschiede gegeben. Die unterschiedlichen Meinungen gingen um die Frage,

- ob der militärische Bereich der Bundeswehr originär aus Teilstreitkräften besteht, die durch einfache Summierung „Die Streitkraft" darstellen oder
- ob es eine gesamte Streitkraft gibt, die durch die Aufgaben eines denkbaren Land-, Luft- oder Seekrieges in drei Teilbereiche gegliedert wird.

Der Streit um diese Frage – der in unterschiedlichen Formen auch bei anderen Armeen existierte bzw. noch existiert – ist bei den deutschen Streitkräften bis in die Zeit vor und während des zweiten Weltkrieges zurückzuführen. Seinerzeit war keine Einigung darüber herbeizuführen, ob das Oberkommando der Wehrmacht (heute vergleichbar: Fü S) gegenüber dem Oberkommando des Heeres (heute vergleichbar: Fü H) weisungsberechtigt sei.
Die Meinungsunterschiede wurden nach einer Ministerweisung vom 21. März 1970 beigelegt.
Die Steitkräfte sind ein gemeinsames Organ.

Da der Verteidigungsminister an der Spitze der deutschen Streitkräfte steht, kann nicht ein Soldat – auch nicht durch Übertragung der Befugnisse durch den Verteidigungsminister – nochmals höchster Vorgesetzter aller Soldaten sein. Die Stellung des Generalinspekteurs war hierdurch präjudiziert. Der Generalinspekteur versieht seine Aufgaben gewissermaßen als ein „Chef des Stabes" beim Träger der Befehls- und Kommandogewalt.

Der oben genannte Ministererlaß bestimmt die Verantwortlichkeiten des Generalinspekteurs und grenzt sie gegenüber den Inspekteuren der Teilstreitkräfte und dem Inspekteur des Sanitäts- und Gesundheitswesens sowie gegenüber der Bundeswehrverwaltung und dem Rüstungsbereich ab, soweit letzteres nicht bereits im Organisationsplan des BMVg geschehen ist.

Außer der Repräsentationsaufgabe als ranghöchster Soldat wurden dem Generalinspekteur folgende Aufgaben zugewiesen:

> Er ist
> - „unmittelbar dem Minister nachgeordnete ministerielle Instanz für die Entwicklung und Realisierung einer Gesamtkonzeption der militärischen Verteidigung sowie für die Erledigung aller Einzelvorgänge, die ihm und seinem Stab von der Leitung zugewiesen werden,
> - Gesamtverantwortlicher für die Bundeswehrplanung im BMVg, die als Pilotaufgabe wahrzunehmen ist,
> - militärischer Berater des Ministers und der Bundesregierung,
> - Vorsitzender des Militärischen Führungsrates,
> - Vertreter der Bundeswehr in den internationalen militärischen Gremien, in denen Chefs der Stäbe der Gesamtstreitkräfte verbündeter Staaten auftreten." (Ministererlaß vom 21. 3. 1970).

Zur Erledigung seiner Aufgaben bedient sich der Generalinspekteur des Führungsstabes der Streitkräfte (Fü S). Er hat zur Unterstützung einen Vertreter, den „Stellvertreter des Generalinspekteurs". Dieser ist, wie die Inspekteure der Teilstreitkräfte, truppendienstlicher Vorgesetzter eines militärischen Teilbereiches, der Zentralen Militärischen Dienststellen der Bundeswehr.

Gegenüber dem nachgeordneten Bereich der Streitkräfte besitzt der Generalinspekteur im Auftrag des Ministers ein Inspektionsrecht, wie es schließlich die Bezeichnung seiner Funktion zum Ausdruck bringt.

Der Generalinspekteur ist von seinem ministeriellen Rang und von der Aufgabe her, eine Gesamtkonzeption zu realisieren, gegenüber den Inspekteuren weisungsberechtigt.

Die Funktion, auch militärischer Berater der Bundesregierung zu sein, drückt sich u.a. darin aus, daß der Generalinspekteur ständiger Teilnehmer an den Sitzungen des Bundessicherheitsrates ist.

8.4 Der Militärische Führungsrat (MFR)

Im Rahmen des Ministeriums, aber neben der Organisation der Abteilungen und Referate - und somit im gewissen Sinn außerhalb der militärischen Hierarchie -, besteht der Militärische Führungsrat. Mitglieder dieses Führungsrates sind der Generalinspekteur, die Inspekteure der Teilstreitkräfte und der Inspekteur des Sanitäts- und Gesundheitswesens. An den Sitzungen nimmt der Stellvertreter des Generalinspekteurs als truppendienstlicher Vorgesetzter eines Teilbereichs der Streitkräfte - nämlich der ZMilDBw - teil.

Durch den Militärischen Führungsrat soll eine einheitliche Willensbildung in den militärischen Fragen, die im BMVg zu entscheiden sind, sichergestellt werden. Im MFR werden behandelt

- gemeinsame Angelegenheiten der Streitkräfte von grundsätzlicher Bedeutung,
- wichtige Angelegenheiten, bei denen zwischen dem Generalinspekteur und einem oder mehreren Inspekteuren oder unter den Inspekteuren unterschiedliche Auffassungen bestehen,
- Angelegenheiten, deren Erörterung von einem Mitglied ausdrücklich gewünscht wird.

Eigentlicher Sinn des Führungsrates ist der ständige Meinungs- und Informationsaustausch, um Entschlüsse im militärischen Bereich treffen zu können. Ziel dieser Gespräche ist eine gemeinsame Willensbildung als Grundlage für die Entscheidungen des Generalinspekteurs bzw. für seine Vorschläge, die er dem Träger der Befehls- und Kommandogewalt zur Entscheidung vorträgt.
Der Militärische Führungsrat tagt regelmäßig.

Durch das Gespräch im MFR werden die Inspekteure ständig über die Probleme der Gesamtstreitkräfte unterrichtet und umgekehrt wird der Generalinspekteur laufend mit den Angelegenheiten der Teilstreitkräfte konfrontiert. Hierdurch wird erreicht, daß das vordergründige Interesse der einzelnen Teile zugunsten des gemeinsamen Ziels der Gesamtstreitkräfte zurückgestellt wird.

Bei Meinungsverschiedenheiten, die unter den Mitgliedern trotzdem nicht ausgeräumt werden können, entscheidet der Generalinspekteur, falls er nicht der Ansicht ist, die Angelegenheit wegen ihrer überragenden Bedeutung dem Minister zur endgültigen Entscheidung vortragen zu müssen.

8.5 Die Inspekteure der Teilstreitkräfte und der Inspekteur des Sanitäts- und Gesundheitswesens

Die Inspekteure der drei Teilstreitkräfte Heer, Luftwaffe und Marine sind die truppendienstlichen Vorgesetzten ihre Teilstreitkraft und dem Minister für deren Einsatzbereitschaft verantwortlich. Insoweit sind sie die ranghöchsten Offiziere der jeweiligen Teilstreitkraft und quasi oberste dem Ministerium nachgeordnete Funktionsträger. Die gleiche Aufgabe üben aus:

- der Stellvertreter des Generalinspekteurs über den Bereich der Zentralen Militärischen Dienststellen der Bundeswehr (ZMilDBw) und
- der Inspekteur des Sanitäts- und Gesundheitswesens gegenüber dem Sanitätsamt der Bundeswehr und dem diesen nachgeordneten Bereich (Zentrale Sanitätsdienststellen der Bundeswehr)

Die truppendienstliche Vorgesetzteneigenschaft bedeutet, daß der Vorgesetzte (dies gilt für militärische Vorgesetzte aller Kommandoebenen) alle Aufgaben verantwortlich zu tätigen hat, die zum Herstellen und zur Erhaltung der Einsatzbereitschaft des ihm unterstellten Bereichs notwendig sind. Hierzu steht ihm ein Stab zur Verfügung; den Inspekteuren ihre Führungsstäbe. Um diese Aufgabe in jeder Hinsicht wahrnehmen zu können, erhielten die Inspekteure Disziplinargewalt, wie sie alle ihnen nachgeordneten Kommandeure/Befehlshaber und Einheitsführer bereits schon hatten.
Eine weitere wichtige Aufgabe der Inspekteure ist ihre Beteiligung an der vom Generalinspekteur zu entwickelnden Gesamtkonzeption der militärischen Verteidigung. Darüberhinaus stellen sie die militärischen Bedarfsforderungen ihrer Teilbereiche im Rahmen der Gesamtkonzeption auf, die in Forderungen an den bedarfsdeckenden Bereich im Verteidigungsministerium, insbesondere an die Rüstungsabteilung gipfeln.
In diesen Aufgaben sind die Inspekteure ministerielle Abteilungsleiter und unterstehen dem Generalinspekteur, der ihnen als ministerielle Instanz im Rahmen seiner Funktion und Verantwortung Weisungen und Befehle erteilt.
Durch ihre Zugehörigkeit zum Ministerium nehmen die Inspekteure an der Regierungstätigkeit des Verteidigungsministers teil.
Auf ihre Verantwortung an der Teilnahme aller Angelegenheiten von grundsätzlicher Bedeutung wurde im Abschnitt 8.4 bereits hingewiesen.
In dem bereits oben erwähnten Erlaß vom 21. 3. 1970 ist auch eine Regelung für die Mitwirkung der Bedarfsträger - insbesondere aber der Inspekteure - an einer langfristigen Personalplanung des militärischen Personals und an der Besetzung von Stellen mit qualifiziertem Personal getroffen. Es wurde damit festgelegt, daß die Verwendungsplanung von der Personalabteilung zu entwerfen ist, mit den Bedarfsträgern, das sind die jeweiligen Teilbereiche der Streitkräfte, abzustimmen und jährlich gemeinsam zu überprüfen ist. Die Stellenbesetzung, die ebenfalls wieder mit den Bedarfsträgern abzustimmen ist, soll dann als Folge der langfristigen Personalplanung durchgeführt werden. Den Inspekteuren wurde hierdurch ein weiteres, großes Verantwortungsgebiet übertragen.
Bei den Inspekteuren und dem Stellvertreter des Generalinspekteurs wurden Personalberaterausschüsse gebildet, deren Mitglieder aus den nachgeordneten Berei-

chen der Streitkräfte stammen. Diese Ausschüsse besprechen die Verwendungsplanung und die Stellenbesetzung von bestimmten Dienstgraden an aufwärts und geben der Personalabteilung ihre Empfehlungen.
Durch diese Zusammenarbeit soll in der Personalbearbeitung dem Leistungsprinzip Geltung verschafft werden.

8.6 Gliederung und Arbeitsweise der Führungsstäbe

Die Führungsstäbe im Verteidigungsministerium sind ähnlich den militärischen Stäben aller NATO-Partner strukturiert. Im Abschnitt 1.5 „Organisation der Kommandobehörden" wurde das Grundprinzip der Stabsstruktur militärischer Stäbe beschrieben.
Solche Stäbe sind umso komplizierter, je mehr Aufgaben ihnen zugewiesen werden müssen. Das hängt wiederum u.a. von der Höhe der Befehlsebene in der militärischen Hierarchie ab. An der Spitze dieser Hierarchie stehen der Generalinspekteur und die Inspekteure der Teilstreitkräfte. Erschwerend kommt noch hinzu, daß von ihren Führungsstäben zugleich auch reine Ministerialaufgaben zu bearbeiten sind. Die Leiter der einzelnen Organisationselemente der Führungsstäbe sind gleichzeitig Gehilfen des Generalinspekteurs bzw. der Inspekteure und ministerielle Sachbearbeiter.
Alle Führungsstäbe sind in Stabsabteilungen, diese wiederum in Referate unterteilt. Die Führungsstäbe sind zugleich Abteilungen im Ministerium. Die Koordinierung der Stabsarbeit erfolgt durch jeweils einen Chef des Stabes, der beim Führungsstab der Marine gleichzeitig Stellvertreter des Inspekteurs ist. Der Generalinspekteur sowie die Inspekteure des Heeres und der Luftwaffe haben daneben je einen ständigen Vertreter.
Die Inspektion des Sanitäts- und Gesundheitswesens im BMVg ist auf Grund ihrer speziellen Aufgaben spezifisch gegliedert. Ihre Organisationsform entspricht jedoch weitgehend der militärisch/ministeriellen Gliederung, um eine reibungslose Zusammenarbeit mit den anderen Teilen des Ministeriums sicherzustellen.
Entsprechend ihrer Aufgabe, oberste Führungsstäbe und somit Arbeitsorgane des Generalinspekteurs und der Inspekteure zu sein, besitzen alle Stäbe eine Stabsabteilung „Planung"; bei den Führungsstäben des Heeres, der Luftwaffe und der Marine gibt es dazu jeweils eine Stabsabteilung „Rüstung", um die militärischen Bedarfsforderungen an den bedarfsdeckenden Bereich des BMVg konzipieren und erstellen zu können (s. Tafel 10).
Die doppelte Funktion der Inspekteure, einerseits truppendienstliche Vorgesetzte ihrer Bereiche, andererseits Angehörige des Ministeriums zu sein, gilt in übertragenem Sinn auch für ihre Arbeitsorgane, die Führungsstäbe im Verteidigungsministerium.
Obgleich der Generalinspekteur, wie in Abschnitt 8.3 ausgeführt worden ist, nicht truppendienstlicher Vorgesetzter der deutschen Streitkräfte sein kann, gilt die Doppelfunktion auch für den Führungsstab der Streitkräfte (Fü S). Der Stellvertreter

Ministerielle Gliederung der militärischen Führungsstäbe (zugleich Abteilungen im BMVg)

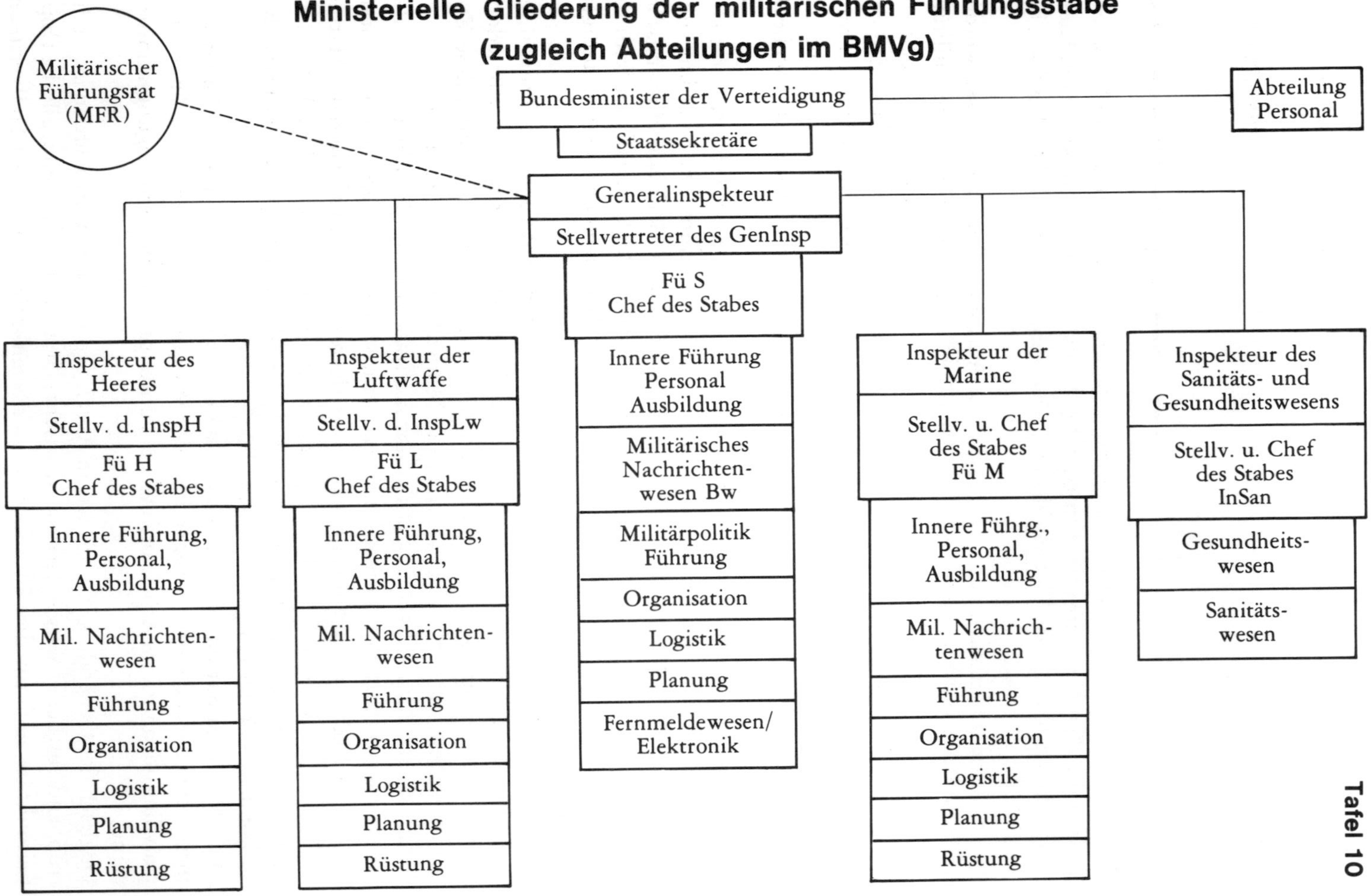

Tafel 10

des Generalinspekteurs muß sich für seine Aufgabe als Vorgesetzter des Bereichs der Zentralen Militärischen Dienststellen der Bundeswehr des Fü S als Arbeitsstab bedienen.

Entsprechendes gilt auch für die Inspektion des Sanitäts- und Gesundheitswesens (In San) im BMVg.

Die Führungsstäbe und die In San sind also einerseits Stäbe, die alle Weisungen und Befehle der Inspekteure und des Stellvertreters des Generalinspekteurs zu erarbeiten haben, die zum Herstellen und Erhalten der Einsatzbereitschaft des jeweils nachgeordneten Bereichs sowie zur Ausübung der Dienstaufsicht notwendig sind, andererseits sind sie Abteilungen des Ministeriums.

Alle Aufgaben, die sich als Weisungen des Bundesministers der Verteidigung niederschlagen - und das sind alle ministeriellen Grundsatzangelegenheiten - haben die Führungsstäbe und In San in ihren Untergliederungen nach der Gemeinsamen Geschäftsordnung der Bundesministerien (GGO) sowohl untereinander als auch, wenn deren Kompetenzen berührt werden, mit den zivilen Abteilungen und Referaten des Verteidigungsministeriums und den entsprechenden Organen der anderen Bundesressorts abzustimmen. Diese Abstimmung ist für einen Stabsoffizier an sich nichts besonderes. Eine Zentrale Dienstvorschrift der Bundeswehr fordert dies für die Arbeit in jedem Stab. Überraschend ist für viele Soldaten, die zum ersten Mal im Ministerium eingesetzt werden, nur immer die große Zahl derjenigen, die mitzuzeichnen haben. Sie ergibt sich einfach aus der differenzierten Aufgabenteilung dieses Ministeriums.

Der Organisationsbereich der Bundeswehr und in ihm der Bereich der Streitkräfte ist außerordentlich groß. Insofern muß zwangsläufig auch die Spitze dieser Organisation, das Verteidigungsministerium, einen bedeutenden Umfang haben, um das Ganze planen, organisieren und steuern zu können.

Für den Außenstehenden tritt beim Betrachten dieses Bereichs durch die Einordnung der deutschen Streitkräfte in das NATO-Bündnis eine weitere Unübersichtlichkeit hinzu.

Ein einfaches Unterscheidungsmerkmal ist jedoch gegeben. Alle präsenten Verbände des Heeres, der Luftwaffe und der Marine sind assigniert, das bedeutet, daß sie in einem Verteidigungsfall unter NATO-Einsatzbefehl treten. Die übrigen Dienststellen und Einrichtungen der Streitkräfte - einschließlich das Territorialheer - verbleiben in jeder Hinsicht in nationaler Befehlsgewalt (s. Tafel 11).

Tafel 11

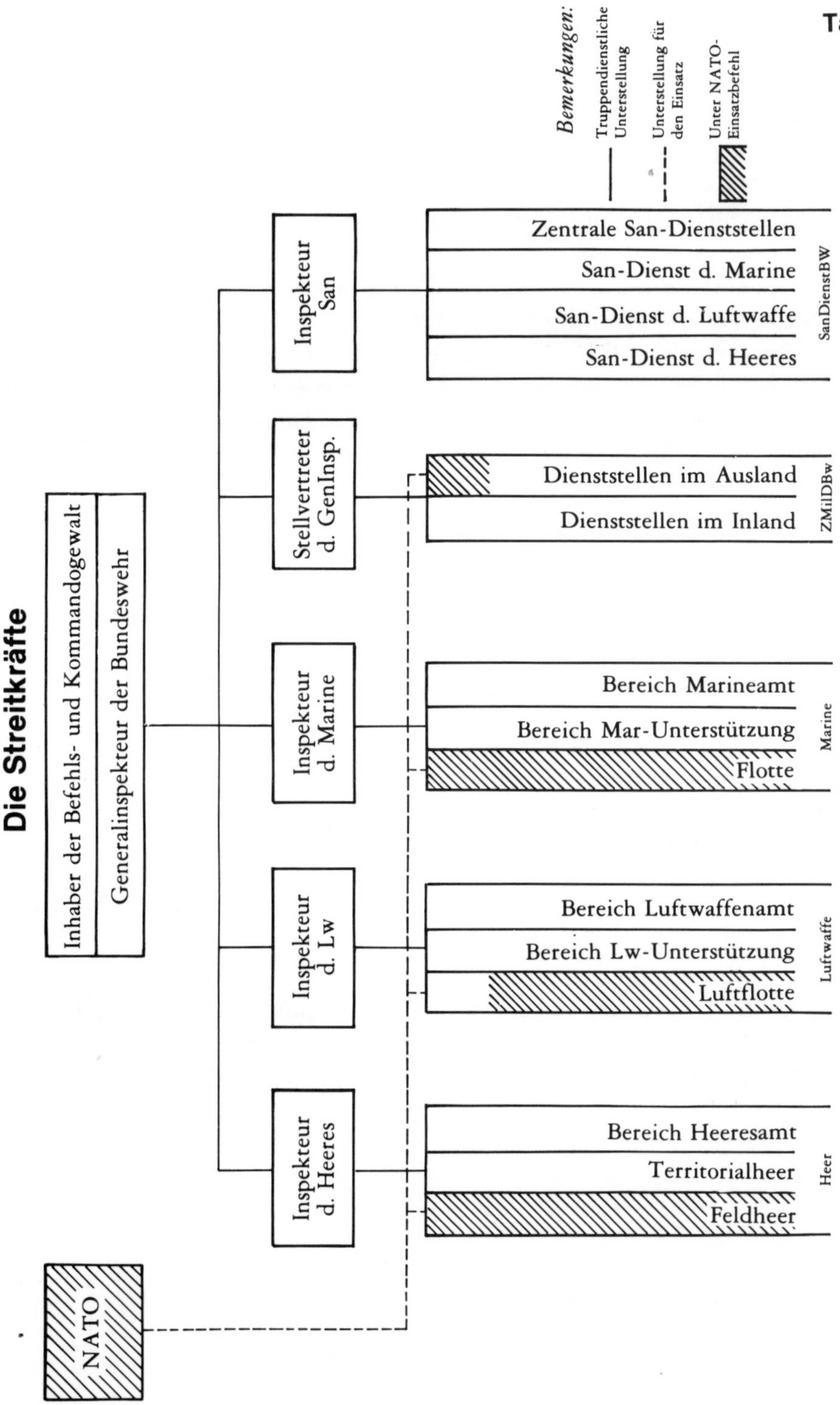
Die Streitkräfte
Inhaber der Befehls- und Kommandogewalt
Generalinspekteur der Bundeswehr
NATO
Inspekteur San
Stellvertreter d. GenInsp.
Inspekteur d. Marine
Inspekteur d. Lw
Inspekteur d. Heeres
Zentrale San-Dienststellen
San-Dienst d. Marine
San-Dienst d. Luftwaffe
San-Dienst d. Heeres
SanDienstBW
Dienststellen im Ausland
Dienststellen im Inland
ZMilDBw
Bereich Marineamt
Bereich Mar-Unterstützung
Flotte
Marine
Bereich Luftwaffenamt
Bereich Lw-Unterstützung
Luftflotte
Luftwaffe
Bereich Heeresamt
Territorialheer
Feldheer
Heer
Bemerkungen:
Truppendienstliche Unterstellung
Unterstellung für den Einsatz
Unter NATO-Einsatzbefehl

9 Organisationsgrundsätze in den Streitkräften und ihre möglichen Weiterentwicklungen

9.1 Stab/Linie-Organisation

In Abschnitt 1 wurden die Rechts- und Organisationsgrundlagen, die zur Schaffung und zur Gliederung der Streitkräfte in der Bundesrepublik Deutschland führten, behandelt. Danach wurden die deutschen Streitkräfte beschrieben, so wie sie zur Zeit bestehen. Zum Abschluß soll noch einiges über die Grundsätze der Streitkräfte-Organisation gesagt werden.

Durch das Budgetrecht des Parlaments werden Grundlinien für die Organisation der Streitkräfte gezogen und auch Schranken gesetzt. Gemäß Artikel 86 GG 2. Satz liegt aber die Organisationsgewalt selbst bei der Exekutive, d.h. bei der Bundesregierung. Hinsichtlich der Streitkräfte wird sie demgemäß vom Bundesminister der Verteidigung, dem Inhaber der Befehls- und Kommandogewalt, ausgeübt.

Theoretisch hätte der Verteidigungsminister bei der Aufstellung der deutschen Streitkräfte freischöpfend eine beliebige Organisation anordnen können. Real wurde auf altbewährte, teils schon weit über einhundert Jahre lang bestehende Organisationsformen zurückgegriffen, die in entsprechender Form bei den Streitkräften anderer Länder in West und Ost vorhanden waren. Traditionelle Erfahrungen setzten sich hier durch.

Die Aufteilung der Streitkräfte in Teilstreitkräfte und nachgeordnete Verbände, nämlich Korps, Divisionen usw., wurde in den Formen durchgeführt, wie sie sich bereits früher entwickelt hatten. Dies gilt auch für die Verhältnisse der Unterstellung von Dienststellen und für die militärische Spitzengliederung. Es handelt sich hierbei um Vorgegebenes, das man nur mit Gewalt und auf Kosten gewünschter Effektivität hätte aufgeben können.

Die Organisation von Streitkräften wird von der vorhandenen strategischen Konzeption, aber auch von den – vorgegebenen – Waffensystemen mitbestimmt. Da die Bundeswehr 1955/56 im Rahmen des NATO-Bündnisses aufgebaut wurde, war die strategische Konzeption der NATO für die Neuorganisation deutscher Streitkräfte bindend. Entsprechendes galt auch für die in der NATO seinerzeit vorhandenen Waffensysteme, die die Deutschen übernahmen; bei Aufstellung der Streitkräfte bekam die Bundeswehr Waffen und Ausrüstung in größerem Umfang zur Verfügung gestellt.

Die wechselseitige Beziehung von strategischer Konzeption, Waffensystemen und Organisationsform muß darüberhinaus noch in der Abhängigkeit dieser Faktoren von der gegebenen oder sich ändernden Gesellschaftsform, den finanziellen Möglichkeiten des Staates und den Fähigkeiten eines potentiellen Gegners gesehen werden. Alle diese Faktoren wirken aufeinander und bedingen sich. So ist z.B. die Einführung eines neuen Waffensystems zu einem Teil abhängig von der vorgegebenen militärischen Organisation. Als Beispiel darf erwähnt werden, daß die Einteilung in drei Teilstreitkräfte, von denen die eine für den Landkrieg, die zweite für den Luftkrieg und die dritte für den Krieg auf dem Wasser verantwortlich ist, Schwierigkeiten bei der Einführung von Hubschraubern - einem Luftgefährt - beim Heer mit sich brachte.

Solange die Bundeswehr besteht, sind Auffassungen vertreten worden, die eine Änderung der Organisation der Streitkräfte vorsahen. Sicherlich gibt es auch Gründe, die unter bestimmten Umständen einen Wechsel bestehender Organisationsformen notwendig erscheinen lassen können. Drei Möglichkeiten seien angeführt, ohne den Anspruch auf Vollständigkeit zu erheben:

- Die Änderung eines bislang bestehenden Gesellschaftssystems kann eine Änderung der Wehrstruktur und damit gegebenenfalls der militärischen Organisation bedingen.
- Eine erforderliche Erhöhung der Effektivität der Streitkräfte kann Umorganisationen erzwingen.
- Die Entwicklung technischer Mittel, insbesondere neuer Waffen, kann neue Organisationsformen notwendig machen.

Welchen Prinzipien folgt nun der organisatorische Aufbau unserer Streitkräfte?

In der allgemeinen Organisationslehre nennt man die Hierarchie, welche die Unterstellungsverhältnisse bzw. die Anweisungsbefugnisse festlegt, die *Linie.*

Der organisatorische Aufbau, der sich z.B. beim Heer von der Gruppe, als der kleinsten Organisationseinheit, bis zum Korps, der Heeresgruppe oder dem Führungsstab vollzieht, ist in den vorderen Abschnitten behandelt worden. Zur jeweiligen Aufgabenerledigung sind den militärischen Führern aller Organisationseinheiten von der Spitze bis nach unten die notwendigen Zuständigkeiten und die damit zusammenhängenden Verantwortungen delegiert worden. Die Stufen dieses Aufbaus werden im folgenden Bild am Beispiel des Heeres nochmals dargestellt:

Führungsstab
Heeresgruppe
Korps
Division
Brigade
Bataillon
Kompanie
Zug
Gruppe

Da die Zeiten, in denen ein militärischer Führer seinen Bereich bis ins Detail allein überschauen konnte, längst vorüber sind, gab man jedem Kommandeur zur besseren Ausübung seiner Führungsaufgabe einen *Stab.* In den Streitkräften ist dies vom Bataillon an aufwärts der Fall.

Der militärische Führer in solchen Dienststellungen kann nicht mehr alle Untergebenen durch detailliertes fachliches Wissen und Können überragen. Seine Führungsqualität hat vielmehr darin zu bestehen, das Wissen und das Können der Angehörigen seines Stabes nutzvoll für die ihm übertragene Gesamtaufgabe einzusetzen. Er selbst hat die Entscheidungen zu treffen, die notwendigen Anweisungen dazu zu geben und die Durchführung seiner Befehle zu kontrollieren und zu überwachen.

Diese Organisationsform bezeichnet man Stab/Linie-Organisation.

Die Idee, im militärischen Bereich mit Stäben zu führen, ist in Preußen geboren worden, als dieser Staat vor der Aufgabe stand, mit den damals nach neuen Methoden kämpfenden Massenheeren Napoleons fertig zu werden.

Es gibt ältere Organisationen, wie z.B. die katholische Kirche, die bereits vorher Spezialistenstäbe kannte, um die obere Kirchenführung zu beraten. In unserem Jahrhundert wurde das System der Führung mit Stäben auch weitgehend von der Wirtschaft übernommen.

Die Aufgaben solcher Stäbe im militärischen Bereich wurden im Abschnitt 1.5 beschrieben.

Die Effizienz der Stab/Linie-Organisation ist dort, wo es um schnelle Entscheidungen geht und wo einheitlich nach einer Gesamtvorstellung gehandelt werden muß – also im Einsatz – unbestreitbar.

Die zweckdienliche Anwendung dieser Organisationsform wird in den deutschen Streitkräften noch durch zwei andere Sachverhalte ergänzt. Wie bei allen anderen gilt auch in der Deutschen Armee das Prinzip von *Befehl und Gehorsam.* Jeder Befehl muß „nach besten Kräften vollständig, gewissenhaft und unverzüglich"[4]) ausgeführt werden. (Daß ein Befehl nicht zu befolgen ist, der die Menschenwürde verletzt oder nicht zu dienstlichen Zwecken erteilt wird, sei der Vollständigkeit halber hier noch einmal erwähnt). Für den Einsatz von militärischen Verbänden und Einheiten ist dieses Gesetz evident.

Außerdem gilt in den deutschen Streitkräften die *Auftragstaktik.* Sie bedeutet, daß der jeweils nachgeordneten militärischen Ebene zwar das „Was" und das „Wann", nicht aber jeder Schritt für das „Wie" der Durchführung eines Befehls (sog. Befehlstaktik) vorgeschrieben wird. Neben der Angabe des zu erreichenden Ziels und der Grenzen wird vom Vorgesetzten im Rahmen der Auftragstaktik noch bestimmt, welche Kräfte zur Zusammenarbeit und Unterstützung zur Verfügung gestellt werden.

Stab/Linie-Organisation, das Prinzip von Befehl und Gehorsam und die Auftragstaktik sind drei Merkmale, die den Einsatz der Streitkräfte dieser Bundeswehr höchst wirkungsvoll erscheinen lassen und damit zu deren sehr hohen Abschreckungswert beitragen.

Natürlich birgt diese Organisationsform in Verbindung gerade mit dem Prinzip von Befehl und Gehorsam auch Gefahren in sich. Ein militärischer Führer, der nicht

4) Soldatengesetz § 11

mehr alle detaillierten Fachkenntnisse selbst besitzen kann, könnte in Gefahr geraten, manipuliert zu werden oder sich über das Fachwissen seiner Mitarbeiter hinwegzusetzen. Beides wäre gleich falsch. Dem ist nur durch eine sorgfältige Auswahl der militärischen Führer zu begegnen.

Gerade wegen dieser Gefahrenmöglichkeit wird in den Streitkräften dort, wo es nicht um den *Einsatz* geht, die eine oder andere neuere Organisationsform praktiziert, zumindest erforscht und erprobt. Im folgenden Abschnitt wird noch darauf eingegangen.

Außer einer vorsichtigen Kritik an der Stab/Linie-Organisation gibt es auch kritische Stimmen zum inneren Aufbau militärischer Stäbe. So wird die These aufgestellt, daß die derzeitige Organisationsform der Stäbe überholt sei und dafür eine „funktions-“ oder „fachbezogene“ Stabsorganisation eingeführt werden sollte. Es wurde schon viel dafür und dagegen geschrieben.

Eine Änderung der derzeitigen Stabsorganisation wäre sicherlich zu begrüßen, wenn dadurch Menschen und Dienstposten eingespart werden könnten und Kräfte für andere Aufgaben bei gleichbleibender Leistung der Stäbe frei werden würden. Der Nachweis dieser Möglichkeit ist bisher noch nicht erbracht worden. Natürlich kann man alles in einem Stab, was bislang vertikal geschichtet war, in Zukunft horizontal ordnen. Ob die Arbeit dadurch wirksamer wird, darf bezweifelt werden. Viele Schwierigkeiten, die in der Zusammenarbeit größerer militärischer Stäbe auftreten mögen, können dadurch behoben werden, daß die Mitarbeiter zu besserer gegenseitiger Information und Abstimmung erzogen werden.

Wer einer Änderung der derzeitigen Stabsorganisation das Wort redet, sollte jedoch auch bedenken, daß wir eine Bündnisarmee sind. Gerade in der Stabsarbeit müssen wir mit den Alliierten kompatibel bleiben, wenn nicht erhebliche Reibungsverluste im Arbeitsablauf der verbündeten Organisationen entstehen sollen. Darüberhinaus zwingt das Vorhandensein hoher NATO-Kommandostäbe, in denen Soldaten aller Nationen Dienst tun, zu einem gleichen Stabsaufbau.

Wer also eine Änderung des Aufbaus deutscher militärischer Stäbe will, muß wissen, daß dieser Wunsch nur realisierbar ist, wenn alle Alliierten in der NATO diesem Vorgang folgen.

9.2 Matrixorganisation

Jederzeit unverzüglich einsatzfähig zu sein und das deutsche Volk sowie das Territorium der Bundesrepublik Deutschland verteidigen zu können – im Frieden dadurch jeden möglichen Gegner, der Aggressionsabsichten hegt, abzuschrecken – ist der Auftrag der deutschen Streitkräfte, den sie in Zusammenarbeit mit unseren Verbündeten zu lösen haben. Die Stab/Linie-Organisation scheint für diese Aufgabe weiterhin besonders geeignet zu sein. Noch immer ist mit dieser Organisationsform die höchste Wirksamkeit im militärischen Entscheidungsprozeß des *Einsatzes* zu erreichen.

Streitkräfte werden im Frieden nicht eingesetzt. Sie sind aber existent und haben eine Fülle anderer Aufgaben zu erledigen:

- Planung und Durchführung des Aufbaus von Verbänden und Einheiten
- Ausrüstung mit Waffen und Geräten sowie deren Instandhaltung
- Ausbildung der Soldaten an diesen Waffen und Geräten
- Vorbereitung, Ausbildung und Übung des gesamten Führerkorps (Offiziere/Unteroffiziere) für ihre Einsatzaufgabe,

um nur einige Großaufgaben zu nennen.

Die Frage stellt sich, ob in einer offenen, auf Kooperation ausgerichteten Gesellschaft Streitkräfte, die autoritativ geführt werden, anachronistisch werden?

In den deutschen Streitkräften, die auf Grund der oben erwähnten Auftragstaktik schon in früheren Zeiten offener für die Mitwirkung der Untergebenen eines militärischen Führers als viele andere Armeen waren, werden heute bereits verschiedene andere Organisationsformen praktiziert.

Im Bereich der obersten politischen und militärischen Führung der deutschen Streitkräfte sind institutionell ein Leitungskollegium und der Militärische Führungsrat gebildet. Es ist der Sinn dieser Institutionen, durch ständigen Informations- und Meinungsaustausch die Grundlagen für Entscheidungen der politischen und höchsten militärischen Spitze zu schaffen. Unter Beibehaltung einer notwendigen hierarchischen Ordnung wird hiermit ein kooperativer Führungsstil praktiziert.

Weitere Beispiele des Gebrauchs moderner Formen der Organisation gibt es sowohl im Streitkräftebereich des Verteidigungsministeriums als auch in der Zusammenarbeit zwischen Ministerium und nachgeordnetem Bereich. Ein Muster hierfür ist die Regelung der *Bundeswehrplanung im BMVg*. So nennt sich auch der dazu herausgegebene Erlaß.

Bis dahin stellte jeder Teilbereich der Streitkräfte sowie die Bundeswehrverwaltung, die Rüstung, das Bauwesen, der Haushalt usw. unabhängig voneinander seinen Plan auf und legte ihn dem Minister zur Entscheidung vor, wenn er abgeschlossen war. Der Minister bzw. die Leitung des BMVg waren jedoch praktisch nicht mehr in der Lage, die vielen unkoordinierten Einzelpläne miteinander abzustimmen.

Nach der Neuordnung der Bundeswehrplanung wurden im Verfahrensablauf nunmehr verschiedene Phasen und Takte vorgesehen, die sich in Einzelplänen niederschlagen und periodisch auf Grund neuer Erkenntnisse oder auf Grund von Änderungen der Voraussetzungen überarbeitet werden. Wesentlich hierbei ist nun, daß die Einzelpläne in den Teilbereichen des BMVg nicht erst abgeschlossen und zur Entscheidung vorgelegt werden, sondern daß auf jeder Bearbeitungsebene Optimierungsprozesse stattfinden, die Leerlauf und unnötige, oft nicht reparabele Arbeitsgänge verhindern helfen.

Der Generalinspekteur ist dem Verteidigungsminister für diese Art der Erarbeitung und die Gesamt-Bundeswehrplanung verantwortlich.

Um den Schwierigkeiten begegnen zu können, die bei der Einführung neuer moderner Waffensysteme und der Erhaltung ihrer Einsatzbereitschaft teilweise auftraten, wurde die Organisationsform des *Systembeauftragten* entwickelt. Sie entstand zuerst, als unvorhergesehene Friktionen beim eingeführten Flug-Waffensystem F 104 (Starfighter) auftraten.

Zweck dieser Einrichtung ist es, eine Stelle zu bestimmen, die bei Beibehaltung der bestehenden Organisation alle betroffenen Stellen in den Streitkräften und im Ministerium lenkt und koordiniert, die irgendwie mit einem Waffensystem befaßt sind. Dem Systembeauftragten werden alle notwendigen Befugnisse übertragen, die es ihm erlauben, seine Steuerungsfunktion wahrzunehmen. Der jeweilige Systembeauftragte wird direkt dem Inspekteur einer Teilstreitkraft unterstellt, um schnelle Entscheidungen herbeiführen zu können.

Die bisher geschilderten neuen Formen der Organisation im militärischen Bereich sind durch zwei Charakteristika bestimmt. Sie bringen erhebliche Verbesserungen in der Ablauforganisation, bewirken jedoch kaum Änderungen der Aufbauorganisation. Wesentliche Merkmale dieser neuen Organisationsformen sind, daß

- die Untergebenen vermehrt in die Entscheidungsprozesse einbezogen werden und
- durch die Beauftragung eines Verantwortlichen für eine klar umrissene Aufgabe der lange Instanzenweg vermieden wird.

Hierdurch brachte man in die Streitkräfte typische Merkmale modernen Managements ein, ohne die vorhandene, nach Funktionen ausgerichtete Aufbauorganisation im wesentlichen zu verändern.

In der Mitte der 60er Jahre stellte man im Verteidigungsministerium fest, daß eine große Zahl einzelner Aufgaben nicht mehr routinemäßig im Rahmen der bestehenden Organisation erledigt werden konnte. Man begann *Arbeitsgruppen* zur Bewältigung der anstehenden Arbeiten zu bilden. Auch diese stellen ein neuartiges Element der Organisation dar. Gemeinsam ist diesen – vom Auftrag her sehr unterschiedlichen – Arbeitsgruppen, daß sie

- einen klar umrissenen Bearbeitungsgegenstand zu untersuchen und dazu Lösungsvorschläge zu unterbreiten haben,
- aus Mitgliedern meist sehr verschiedener Arbeitsgebiete bestehen, die auf Grund ihrer Detailkenntnisse das erforderliche Fachwissen in die Arbeit einbringen können,
- im allgemeinen nicht weisungsgebunden sind (das gilt im Prinzip auch für das einzelne Mitglied der Arbeitsgruppe),
- zeitlich begrenzt zusammengestellt und termingebunden sind.

Zu diesen Mitgliedern werden oft Vertreter verschiedener Ebenen sowohl der Ministerialhierarchie als auch des nachgeordneten Streitkräftebereichs herangezogen. Dort, wo das Fachwissen der Soldaten nicht ausreicht, werden zivile Bearbeiter berufen, die sowohl aus dem Verteidigungsressort als auch aus anderen Bereichen kommen können.

Die Mitglieder der Arbeitsgruppen führen ihre Tätigkeit meist neben ihren eigentlichen Aufgaben aus, so daß die Bildung von Arbeitsgruppen die Grundordnung der militärischen Hierarchie nicht aufhebt.

Eine große Zahl wichtiger Aufgaben wurde in den vergangenen Jahren von derartigen Arbeitsgruppen gelöst. Genannt werden sollen als Beispiel: Probleme der Wehrstruktur, der Personalstruktur, des Ausbildungswesens sowie Untersuchungen zu Verbesserungen der Streitkräftestrukturen.

Arbeitsgruppen eignen sich nicht nur zu Untersuchungen von Problemen im Verteidigungsministerium sondern genauso für solche im nachgeordneten Streitkräftebereich. Oft werden für einen Bearbeitungsgegenstand – z.B. die Untersuchungen neuer Strukturmodelle für die Streitkräfte – auch mehrere Arbeitsgruppen bestallt. Die Bildung von Arbeitsgruppen ist im militärischen Bereich ein bewährtes Instrument geworden, um anfallende Probleme wirkungsvoll lösen zu können.

Aus dem Bedürfnis, mit den ständig wachsenden Anforderungen fertig zu werden, gleichzeitig aus dem Zwang, sich einer verändernden Umwelt auch in den Arbeitsformen anzupassen, haben sich die hier geschilderten, neuen Formen der Organisation in den Streitkräften gebildet. Sie entsprechen in vieler Hinsicht den Formen, die sich auch in anderen Großorganisationen entwickelt haben.

Natürlich ist der Ablauf der Bundeswehrplanung im BMVg nicht in jeder Hinsicht den Arbeitsgängen vergleichbar, die bei der Bewältigung der Aufgaben eines Systembeauftragten zu tätigen sind. Jede Arbeitsgruppe hat veränderte, oft schwer vergleichbare Arbeitsregeln, die nicht nur durch den anderen Auftrag der Arbeitsgruppe bedingt sind. Doch kann man eine gleiche Grundform der neuen Organisationstypen feststellen.

Die traditionelle, nach Funktionen unterteilte Organisation der Streitkräfte – z.B. ihre generelle Gliederung in Personalwesen, Materialwesen, Einsatz usw. – wird von einer Organisation überlagert, die sich nach Projekten – z.B. Bundeswehrplanung, Wehrstruktur, Waffensysteme usw. – ausrichtet.

Es wird die Kenntnis, die der Bearbeiter hinsichtlich seiner Funktion besitzt *und* die in bezug auf ein Projekt miteinander vereinigt. Die Leiter der Projekte haben die volle Verantwortung für den Ablauf des Projektauftrages; sie steuern und koordinieren alle auf diese bezogene Tätigkeiten. Dies gilt hinsichtlich des Verantwortlichen für das Planungssystem aber auch für die Systembeauftragten und die Leiter von Arbeitsgruppen.

Die vertikal ausgerichtete hierarchische Struktur im Streitkräftebereich überschneidet sich mit einer horizontalen, projektorientierten Organisation. Die neue, sich daraus ergebende Form gleicht einer Matrix. In der Organisationslehre spricht man deshalb von einer *Matrixorganisation.*

Um keinen Irrtum aufkommen zu lassen: Diese neue Form der Organisation wird vorerst hauptsächlich in den Spitzen der Streitkräfte, dem Ministerium und den

Ämtern sowie in der Zusammenarbeit dieser Stellen untereinander geübt. Sie läßt sich mit Sicherheit auch an anderen Stellen der Streitkräfte praktizieren.
Neue Formen der Organisation werden nicht am grünen Tisch erfunden, sie ergeben sich aus dem Zwang, mit den Aufgaben besser als bisher fertig werden zu müssen. Organisation lebt. Auch in Zukunft werden im Streitkräftebereich solche und neue Formen zur Erledigung anfallender Aufgaben gefunden werden.
Der deutsche Bundestag - genauer gesagt: Der Verteidigungsausschuß - hat angeregt, moderne Formen der Mitwirkung von Lehrenden und Lernenden an Ausbildungsstätten der Bundeswehr zu erproben.[5]) Bis verwertbare Erkenntnisse gewonnen sind, wird sicher noch einige Zeit vergehen. Wenn diese vorliegen, wird man auch hier neue Formen der Organisation entwickeln müssen.

9.3 Einfluß der atomaren Waffen und der Computer auf die Organisation von Streitkräften.

Zum Abschluß dieser Betrachtung soll noch eine Feststellung und hinsichtlich möglicher organisatorischer Entwicklungen eine Annahme gemacht werden.
Am Ende des zweiten Weltkrieges trat eine neue, schreckliche Waffe auf: Die *Atombombe.* Heute besitzen die beiden Weltmächte ein großes Arsenal dieser Waffen, mit dem sie sich bedrohen, zugleich aber auch gegenseitig abschrecken. Die Bundesrepublik Deutschland hat auf den Besitz solcher Waffen verzichtet.
Sollte es trotz aller Abschreckung doch zu einem bewaffneten Konflikt kommen, müssen auch deutsche Streitkräfte sich auf die Anwendung solcher Waffen gegen sie einstellen. Das bedeutet, daß sie die Atomwaffen in ihr Kalkul einbeziehen müssen.
Geht man nun vom Vorhandensein von Atomwaffen aus und betrachtet ihre Auswirkung auf die Organisation moderner Armeen, so kommt man zu einem überraschenden Ergebnis: Atomwaffen haben keinen Einfluß auf die hierarchische Ordnung von Streitkräften gehabt; sie haben auch die gewachsene Stab/Linie-Organisation nicht verändert. Genau so wenig haben sie bis heute hinsichtlich der Ablauforganisation von Streitkräften - ihren Informations- und Befehlswegen - Änderungen bewirkt.
Jedoch könnte eine andere Erfindung dieses Jahrhunderts die Organisation von Streitkräften grundlegend verändern: Der *Computer.*
Nach dem zweiten Weltkrieg standen die militärischen Führer vor dem wachsenden Zwang, immer mehr Informationen in immer kürzerer Zeit verarbeiten zu müssen. Dieses Phänomen beobachet man auch bei anderen Großorganisationen.
Für das Funktionieren von Streitkräften ist es wichtig, die Entscheidungsträger rechtzeitig mit allen wesentlichen Informationen auszustatten. Jede Entscheidung, die getroffen werden muß, setzt ausreichende Informationen voraus.
In der Bundeswehr begann man schon sehr früh, in verschiedenen Sachgebieten sogenannte *Informationssysteme* aufzubauen. Hierbei werden alle wichtigen Daten in

5) Weißbuch 1975/76 Ziffer 353

elektronischen Datenverarbeitungsanlagen (EDV) gesammelt und gespeichert. Dazu werden Programme erarbeitet und festgelegt, damit diese Daten für Führungsentscheidungen jederzeit und rasch genutzt werden können.
Im Bereich der Planung der Bundeswehr werden Studienkapazitäten genutzt, die an der Aufstellung von Entscheidungsunterlagen mitwirken. Diese Kapazitäten nutzen zwei Möglichkeiten: Sie erarbeiten mathematisch-analytische Modelle, um erwartete Leistungen kalkulierbar zu machen, und sie versuchen durch Simulation auf Datenverarbeitungsanlagen Kenntnisse zu erweitern. Hierdurch werden Leistungen, die in der Praxis noch nicht nachvollziehbar sind, berechenbar gemacht. Inzwischen wurde ein Netz von elektronischen Datenverarbeitungsanlagen in der Bundeswehr aufgebaut. Dieses ist jedoch noch nicht genügend systematisiert.
Die entwickelten Waffentechniken lassen die notwendigen Reaktionszeiten der Streitkräfte immer kürzer werden. Beinahe in Gegenwirkung hierzu werden die Handlungsabläufe immer komplexer. Der Zwang, vermehrte Informationen vollständig und rechtzeitig zu gewinnen, zu übermitteln und zu verarbeiten, führte in allen modernen Armeen dazu, die Elektronik für die Entscheidungsfindung nutzbar zu machen. Seit Jahren wird daher in der Bundeswehr der Aufbau sogenannter *Führungssysteme* betrieben. Die Streitkräfte besitzen natürlich schon seit eh und je „Führungssysteme". Diese sollen jedoch entsprechend den enorm gewachsenen Anforderungen modernisiert werden.So wird und wurde beim Heer, bei der Luftwaffe und bei der Marine je ein Führungssystem der Teilstreitkräfte aufgebaut; zum Teil stehen sie bereits in der Phase des weiteren Ausbaus. Für die oberste Führung im Verteidigungsbereich wird das sogenannte „Führungssystem Bundeswehr" aufgebaut.
In technischer Darstellung, vor allem in der Datenverarbeitung haben diese Systeme viele Gemeinsamkeiten mit den oben angesprochenen Informationssystemen.
Die Entwicklung ist zur Zeit voll im Gange. Zum Abschluß sollen die ausgebauten Informationssysteme und die verschiedenen Führungssysteme so aufeinander abgestimmt werden, daß sie sich, miteinander verknüpft, in dem Führungssystem Bundeswehr verdichten und gegenseitig ergänzen können.
Beim Ausbau dieser Systeme muß im Hinblick auf die Nutzungsphase natürlich auch das Zusammenwirken mit den Bündnispartnern sichergestellt sein.
Organisatorisch wirft diese notwendige Veränderung große Probleme auf. Es wird darauf zu achten sein, daß solche Führungsmittel überlebensfähig sind, es muß an eine Verbunkerung, an die Möglichkeit rascher Materialergänzung usw. gedacht werden. Das Meldeaufkommen und der Veränderungsdienst müssen neu geregelt werden. In der Nutzungsphase dieser Anlagen müssen die Informationen auf den verschiedenen Führungsebenen - gegebenenfalls auch unterschiedlich - bereitgestellt, abrufbar und zweckdienlich miteinander verknüpft sein. Hierbei wird - wieder einmal - die Frage zu beantworten sein, welche und wieviele Führungsebenen notwendig sind?
Wenn eines Tages alle neuen Führungssysteme arbeitsfähig zur Verfügung stehen, wird eine Überprüfung der militärischen Stabsorganisation erfolgen müssen, die

möglicherweise weniger personalintensiv sein kann. Das hätte zur Folge, daß der interne Aufbau der Stäbe geändert wird. Aus den oben genannten Gründen kann dies nur NATOweit geschehen.
Mit dem Ausbau der modernen Führungssysteme wird man auch das schwierige Problem des Informationsflusses in den Streitkräften besser lösen können. Es wird möglich sein, neben den festgelegten Meldungen von unten nach oben auch die Informationen von oben nach unten, zur Seite sowie von und zu den Organisationen, die außerhalb der Streitkräfte stehen, besser als bisher beizubringen.
Wenn eines Tages die Vorstellungen hinsichtlich moderner Führungssysteme überall realisiert sind und damit alle Ebenen der militärischen Hierarchie jede Information praktisch gleichzeitig und verzuglos erhalten werden, wird nicht nur die Frage der Gesamtorganisation der Streitkräfte sondern auch die Praxis der Auftragstaktik neu durchdacht und gegebenenfalls neu geregelt werden müssen.

10 Schlußbemerkung

In dieser Betrachtung stehen Gliederung und Organisation der deutschen Streitkräfte im Vordergrund. Es wurde geschildert, daß der rechtliche Rahmen und die zur Verfügung gestellten finanziellen und materiellen Mittel diese Streitkräfte in ihrem Wert bedingen. Im Mittelpunkt der Bundeswehr steht jedoch der Mensch als Staatsbürger und Soldat.

Im sogenannten technischen Zeitalter wird das Materielle oft überschätzt. Die Kriege dieses Jahrhunderts haben aber auch bewiesen, daß der Mensch der entscheidende Faktor bei gewaltsamen Auseinandersetzungen bleibt. Der Vietnam-Krieg ist sowohl im positiven wie im negativen Sinne ein Beweis für diese Tatsache.

Für den Soldaten der deutschen Bundeswehr gibt es keinen Feind, auf den sein Zweck ausgerichtet und der zur Motivation seines Dienens herangezogen wird. Ein Feindbild existiert nicht mehr. Der deutsche Soldat kämpft, wenn er angegriffen wird, eben dann, wenn Freiheit und Recht des deutschen Volkes verteidigt werden muß. In der derzeitigen Weltsituation dient er der Abschreckung, d.h. er soll durch sein Dasein und durch sein erlerntes soldatisches Können jeden Aggressor von einem beabsichtigten Angriff abhalten.

Die Bundesrepublik Deutschland hat die allgemeine Wehrpflicht eingeführt, um diese Aufgabe wahrnehmen zu können. Die Wehrpflicht ist eine der westlichen Demokratie adäquate Pflicht aller Bürger.

Der zu schützende Bürger muß sich aber auch darüber im Klaren sein, daß ein Soldat sein Leben gegebenenfalls nur dann einzusetzen bereit ist, wenn nach seiner Überzeugung das zu Verteidigende auch verteidigungswürdig ist. Hierdurch steht die Verteidigungspolitik unter anderem in engem Zusammenhang mit der Sozial- und Wirtschaftspolitik eines Staates.

Die Erkenntnis des Verteidigungswertes unseres Gemeinwesens zu wecken, kann jedoch nicht erst eine Aufgabe der Streitkräfte sein in der Zeit, wo der junge Bürger kommt, seine Pflicht zu erfüllen. Alle Organe dieser Gesellschaft insbesondere diejenigen, die erzieherisch auf die Jugend wirken, müssen den jungen Menschen die Verteidigungswürdigkeit unseres Gemeinwesens vergegenwärtigen.

Dann werden die deutschen Streitkräfte auch ihren Auftrag erfüllen können.

Militärische Dienstgrade

Heer u. Luftwaffe	Marine	Sanitätsdienst
General	Admiral	-
Generalleutnant	Vizeadmiral	General-/Admiraloberstabsarzt
Generalmajor	Konteradmiral	General-/Admiralstabsarzt
Brigadegeneral	Flottillenadmiral	General-/Admiralarzt General/Admiralapotheker
Oberst	Kapitän zur See	Oberst-/Flottenarzt, Oberst-/ Flottenapotheker, Oberst-veterinär
Oberstleutnant	Fregattenkapitän	Oberfeld- u. Flottillen-/arzt u. -apotheker, Oberfeldveterinär
Major	Korvettenkapitän	Oberstabs-/arzt, apotheker, veterinär
Hauptmann	Kapitänleutnant	Stabs-/arzt, apotheker, veterinär
Oberlautnant	Oberleutnant z. See	-
Leutnant	Leutnant zur See	-
Oberstabsfeldwebel	Oberstabsbootsmann	Oberstabs-/feldwebel u. bootsmann
Stabsfeldwebel	Stabsbootsmann	Stabs-/feldwebel u. bootsmann
Hauptfeldwebel/ Oberfähnrich	Hauptbootsmann/ Oberfähnrich z.S.	Hauptfeldwebel/Oberfähnrich, Hauptbootsmann/Oberfähnrich zur See
Oberfeldwebel	Oberbootsmann	Ober-/feldwebel u. bootsmann
Feldwebel/Fähnrich	Bootsmann/ Fähnrich zur See	Feldwebel/Fähnrich, Bootsmann/ Fähnrich zur See
Stabsunteroffizier	Obermaat	Stabsunteroffizier/Obermaat
Unteroffizier/ Fahnenjunker	Maat/Seekadett	Unteroffizier/Fahnenjunker, Maat/Seekadett

Heer u. Luftwaffe	Marine	Sanitätsdienst
Hauptgefreiter	Hauptgefreiter	Hauptgefreiter
Obergefreiter	Obergefreiter	Obergefreiter
Gefreiter	Gefreiter	Gefreiter
Grenadier, Jäger, Panzerschütze usw. Flieger	Matrose	Sanitätssoldat

Dienstgradabzeichen Heer/Luftwaffe

Anlage 2

Dienstgradabzeichen - Offiziere

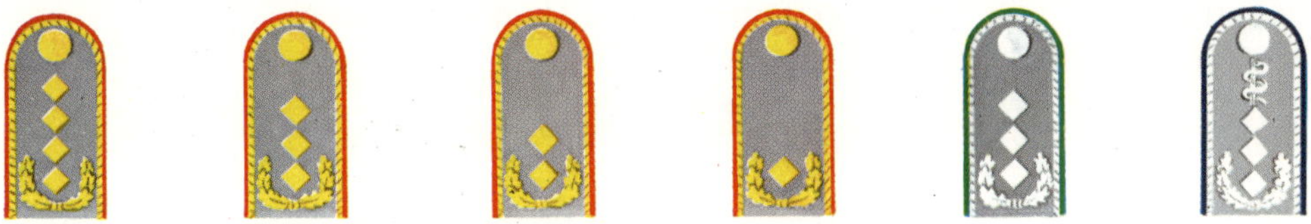

General | Generalleutnant | Generalmajor | Brigadegeneral | Oberst | Oberstarzt

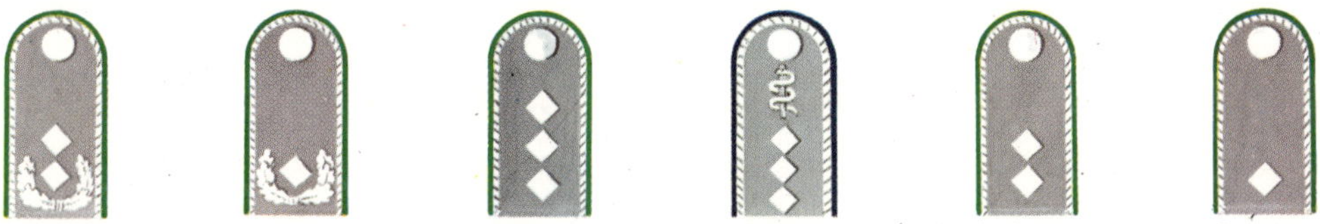

Oberstleutnant | Major | Hauptmann | Stabsarzt | Oberleutnant | Leutnant

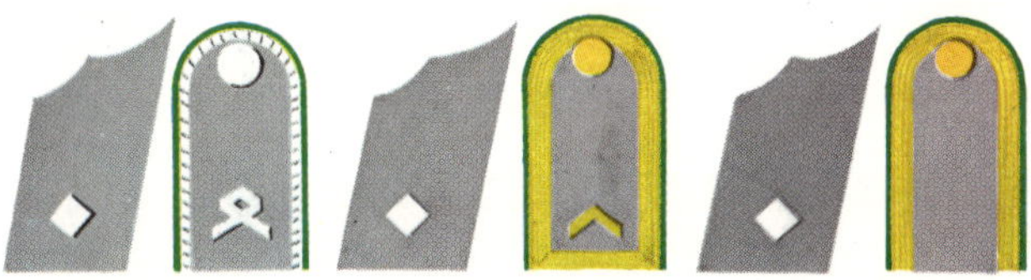

Oberfähnrich | Fähnrich | Fahnenjunker

Dienstgradabzeichen - Unteroffiziere u. Mannschaften

Oberstabsfeldwebel | Stabsfeldwebel | Hauptfeldwebel | Oberfeldwebel | Feldwebel | Stabsunteroffizier

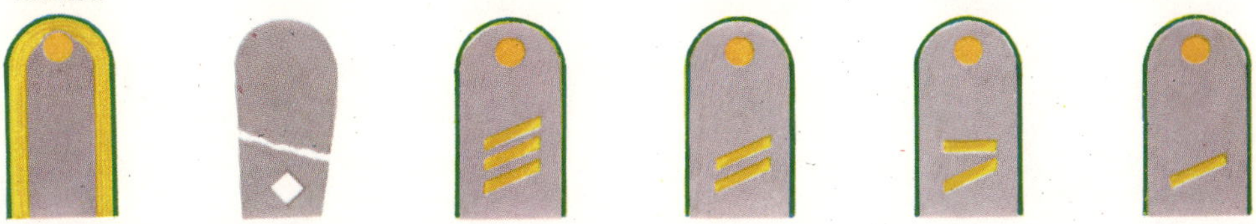

Unteroffizier | Offizieranwärter n. d. Ernennung | Hauptgefreier | Obergefreiter | Unteroffizieranwärter (Gefreiter) | Gefreiter

Dienstgradabzeichen
Marine

Dienstgradabzeichen - Offiziere

Admiral | Vizeadmiral | Konteradmiral | Flottillenadmiral | Kapitän zur See

Fregattenkapitän | Korvettenkapitän | Kapitänleutnant | Oberleutnant zur See | Leutnant zur See

Oberfähnrich zur See | Fähnrich zur See | Seekadett

Dienstgradabzeichen - Unteroffiziere u. Mannschaften

Oberstabsbootsmann | Stabsbootsmann | Hauptbootsmann | Oberbootsmann | Bootsmann

Obermaat | Maat | Hauptgefreiter | Obergefreiter | Gefreiter | Gefreiter (OA) | Gefreiter (UA) | Offizieranwärter n.d. Ernennung

Rückblick auf organisatorische Veränderungen in der militärischen Spitze der Bundeswehr

Anlage 3

Die Bundeswehr hat bisher nur eine kurze Geschichte. Trotzdem war sie bereits mehrfachem Wandel unterworfen.

Die Änderungen ihrer Organisation ergaben sich einerseits aus dem Aufwachsen der Streitkräfte vom Punkte Null, andererseits aber auch, weil erst Erfahrungen über die Einfügung der Streitkräfte in ein demokratisches Gemeinwesen gewonnen werden mußten. Erkenntnisse über zweckmäßige Ordnungen wurden in manchen Gebieten erst nach und nach gefunden, wobei auch die Erfahrungen der Partner im Bündnis eine Rolle spielten. Dieser Prozeß wird letztlich nie abgeschlossen sein.

Im Truppenbereich beweist z.B. die bevorstehende Umorganisation des Heeres (siehe: Abschnitt 3.4) die Notwendigkeit einer Anpassung dieser Teilstreitkraft an veränderte Umstände.

Aber auch die militärische Spitze im Verteidigungsministerium wurde schon mehrmals verändert. Bei einem derartigen Wechsel wurden teilweise die Aufgaben und Zuständigkeiten der Streitkräfteteile neu geordnet. Als Folge davon ergab sich zwangsläufig die Notwendigkeit, die Befugnisse und Verantwortungen der obersten Soldaten und ihrer Stäbe neu zu bestimmen.

An Hand der beigefügten Organisationspläne und Erlasse, die mit einem Plan des „Amt Blank“ beginnen, kann sich der interessierte Leser selbst ein Bild von diesen Veränderungen machen.

Im Folgenden:

3a) OrgPlan der Dienststelle „Der Beauftragte . . .“	v. 1. 5.1955
3b) BMVg – Verfügung „Militärischer Führungsrat“	v. 22.11.1955
3c) OrgPlan BMVg	v. 22.11.1955
3d) Min-Verfügung „GL Heusinger übernimmt Abt.“	v. 25. 2.1957
3e) IV/IV D 1 – Umgliederungsbefehl Nr. 1	v. 23. 5.1957
3f) OrgPlan BMVg	v. 10. 1.1958
3g) Staatssekretär „Stellung GenInsp und Insp“	v. 8. 9.1960
3h) Min/VR I 1 – Neuordnung des Ministeriums	v. 7. 2.1964
3i) Der Bundesminister d. Vtdg. – Umgliederung	v. 21. 3.1970
3k) OrgPlan zur Umgliederung	v. 21. 3.1970

Anlage 3a

Organisationsplan der Dienststelle

„Der Beauftragte des Bundeskanzlers für die mit der Vermehrung der alliierten Truppen zusammenhängenden Fragen“
Stand: 1.5.1955

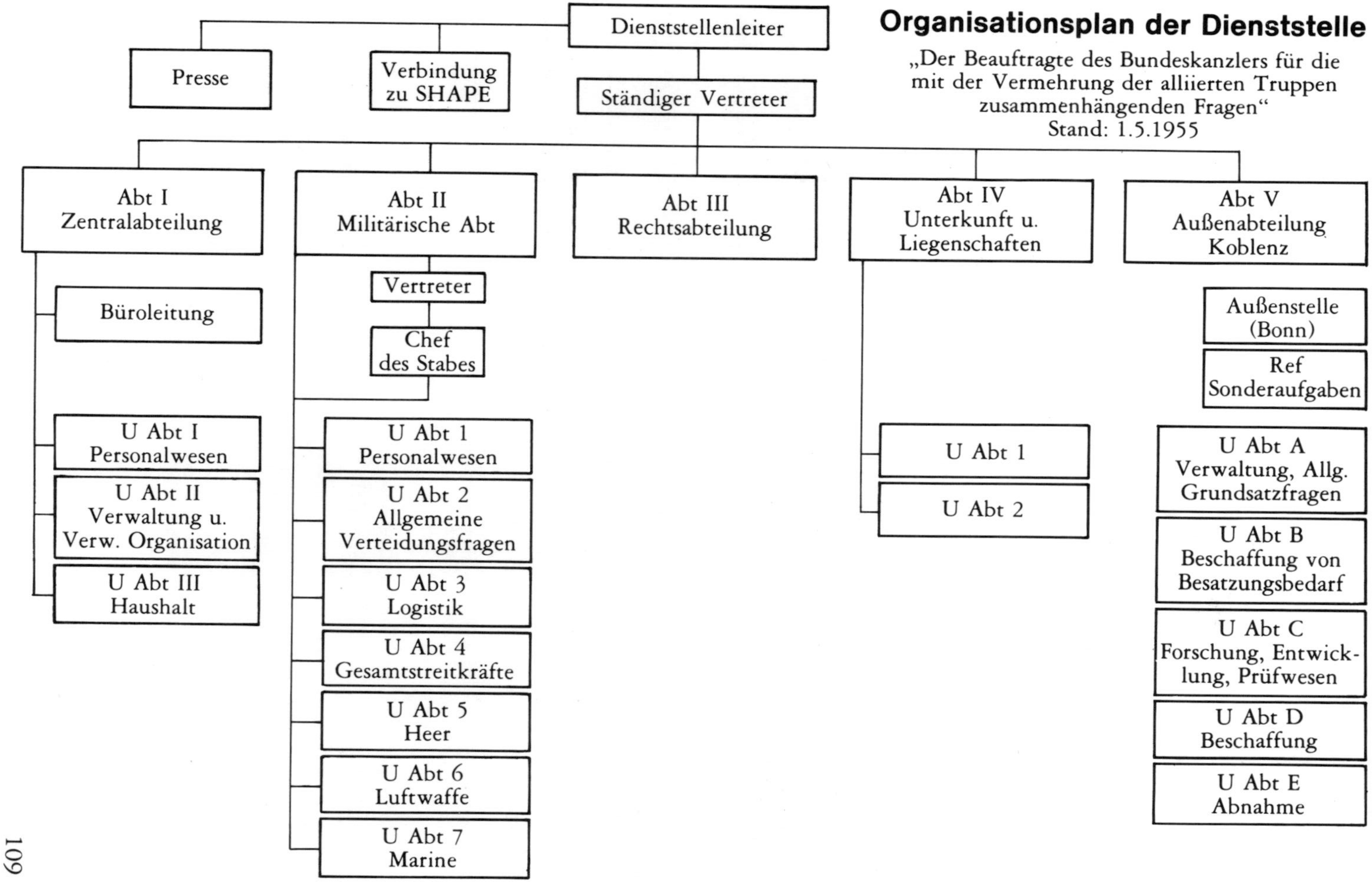

Anlage 3 b

Der Bundesminister
für Verteidigung
1518/55

Bonn, den 22. November 1955

Vorg.: Vorläufiger Organisationsplan des Bundesministeriums für Verteidigung vom 9. November 1955

Verfügung

Mit sofortiger Wirkung wird im Bundesministerium für Verteidigung ein militärischer Führungsrat gebildet. Der militärische Führungsrat hat die Aufgabe, den Bundesminister für Verteidigung in allen Fragen der Strategie und der Gesamtkriegführung sowie in Fragen der Führung, Organisation, Ausbildung und Verwendungsbereitschaft der Streitkräfte zu beraten.
Der militärische Führungsrat besteht aus

a) einem Vorsitzenden,
b) den Leitern der Abteilungen Streitkräfte, Heer, Luftwaffe und Marine.

Der Vorsitzende des militärischen Führungsrates führt die Geschäfte des militärischen Führungsrates.
Über die Befugnisse des Vorsitzenden des militärischen Führungsrates, über die ihm zur Verfügung zu stellenden Mitarbeiter sowie über die Abgrenzung seiner Befugnisse zu den Befugnissen der Abteilungen Streitkräfte, Heer, Luftwaffe und Marine ergeht besondere Dienstanweisung.

gez. *Blank*

Beglaubigt
(Unterschrift)

Vorläufiger Organisationsplan des Bundesministeriums für Verteidigung
Stand: 22.11.1955

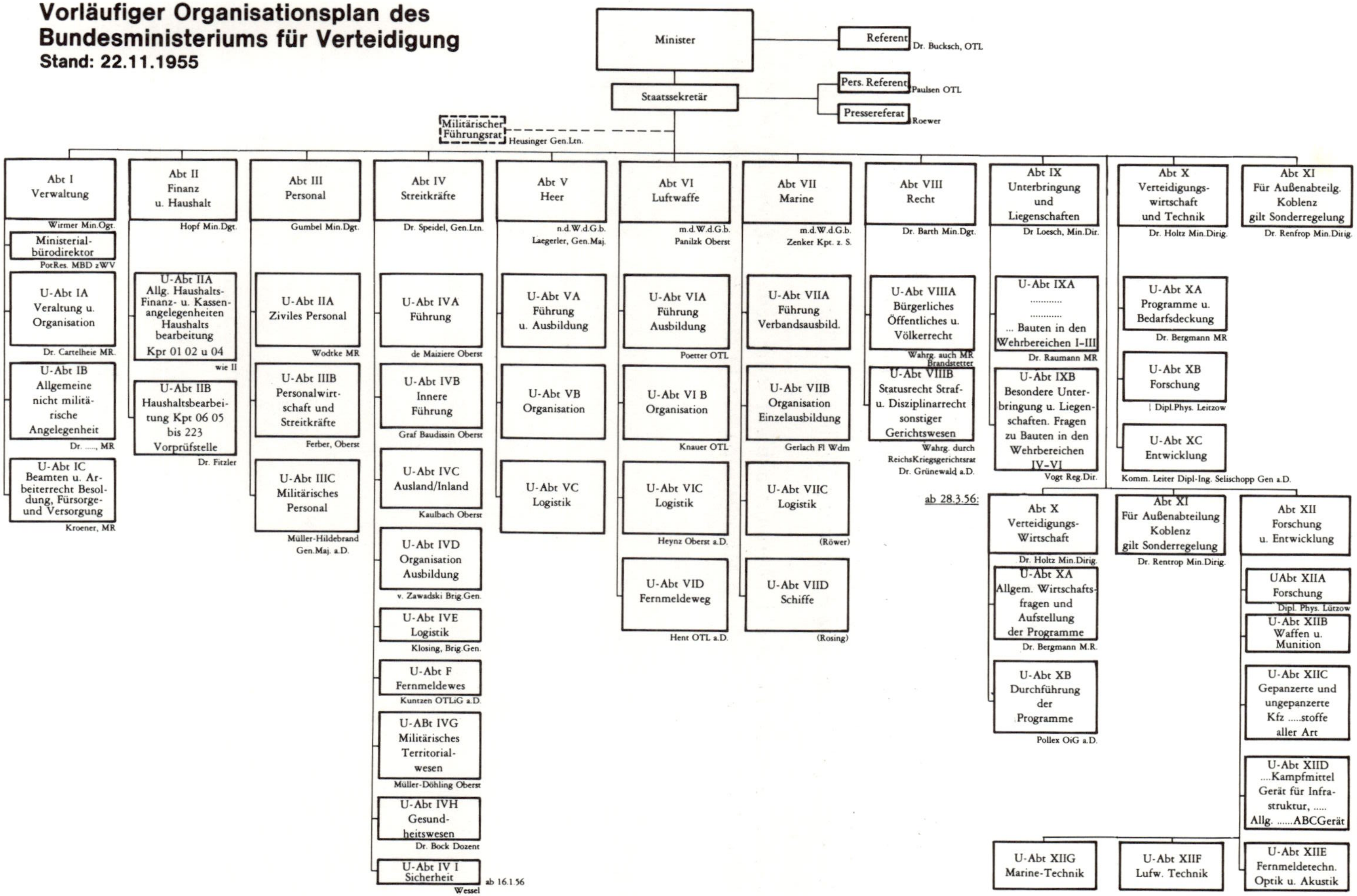

Anlage 3 c

Anlage 3 d

Min. - 334/57 - Bonn, den 25. Februar 1957

Verfügung

Ab 1.3.1957 übernimmt Generalleutnant Heusinger neben seiner Tätigkeit als Vorsitzender des Militärischen Führungsrates die Leitung der Abteilung Gesamtstreitkräfte. Ihm steht als Leiter der Abteilung Gesamtstreitkräfte gegenüber den Abteilungen V, VI und VII auf den Gebieten der Führung, Organisation, Ausbildung, Versorgungsführung und Ausrüstung Weisungsbefugnis im Auftrag des Ministers zu.

Generalleutnant Dr. Speidel bereitet sich auf seine neue Aufgabe als Oberbefehlshaber der Landstreitkräfte in Mitteleuropa vor. Er tritt diese Stelle am 1.4.1957 an.

gez. *Strauß*

Anlage 3 e

IV Bonn, den 23. Mai 1957
IV D 1 - Tgb. Nr. 2001/57 -

An
U.Abt. IV A
U.Abt. IV B
U.Abt. IV C Inl.
U.Abt. IV C Ausl.
U.Abt. IV D
U.Abt. IV E
U.Abt. IV F
U.Abt. IV G zugl. f. IV G 3 u. IV G 4
U.Abt. IV H
U.Abt. IV J

nachr.:

Abt. V	Abt. VIII	Min-
Abt. VI	Abt. IX	Sts.
Abt. VII	Abt. X	Chef MFR
Abt. I	Abt. XI	
Abt. II	Abt. XII	
Abt. III		

Betr.: Umgliederung der militärischen Abteilungen des Ministeriums
Vorg.: Ministererlaß IV D 1 - 2000/57 - v. 20.5.1957

Umgliederungsbefehl Nr. 1

I. Mit Wirkung vom 1. Juni 1957 treten folgende organisatorische Änderungen innerhalb der Abteilung IV ein. Den von dem Überprüfungsausschuß für die militärische Spitzenorganisation vorzunehmenden Untersuchungen und den daraus zu ziehenden Folgerungen wird hierdurch nicht vorgegriffen:

1.) Führungsstab der Bundeswehr

a) Das Referat IV D 7 - Ausbildung - wird in die Unterabteilung IV A eingegliedert.

b) Das Referat IV G 2 - Gesamtunterbringung der Streitkräfte - wird in die Unterabteilung IV D eingegliedert.

c) Das Teilaufgabengebiet „Allgemeine Führungs- und Grundsatzfragen auf dem Pioniergebiet und der militärischen Infrastruktur" des Referates IV G 3 wird in die Unterabteilung IV A eingegliedert.

d) Das Teilaufgabengebiet „Grundsatzfragen des Transportwesens" des Referates IV G 4 wird in die Unterabteilung IV E eingegliedert.

e) Das Teilaufgabengebiet „Territoriales Fernmeldewesen" der Unterabteilung IV F wird aus dem Ministerium ausgegliedert und in das Amt Territoriale Verteidigung überführt.

f) Das Aufgabengebiet „Militärmusik" bei IV B 1 wird aus dem Ministerium ausgegliedert und in das Amt Territoriale Verteidigung überführt.

g) Das Referat IV J 8 und die Cosmic-Registratur treten vorläufig gliederungsmäßig zu der Unterabteilung IV C (Ausland).

2.) Inspektion des Sanitäts- und Gesundheitswesens

Die jetzige Untergliederung der Unterabteilung IV H ist bis auf weiteres als innerorganisatorische Gliederung der Inspektion des Sanitäts- und Gesundheitswesens zu übernehmen.

II. Nachgeordnete zentrale Dienststellen

1.) Amt Territoriale Verteidigung

Die nach den Umgliederungsmaßnahmen gem. Ziffer I. 1.) c) und d) bei der jetzigen Unterabteilung IV G verbleibenden Aufgaben werden in das mit Wirkung vom 1.6.1957 aufzustellende Amt Territoriale Verteidigung überführt.
Das für die Wahrnehmung dieser Aufgaben und der gem. Ziffer I. 1.) e) und f) ausgegliederten Aufgaben bestimmte Personal bildet das VP des Amtes Territoriale Verteidigung.

2.) Zentralstelle Sicherheit

Die Aufgaben der Unterabteilung IV J mit Ausnahme der Aufgaben gem. o. Ziff. I. 1.) g) und der Lenkungsaufgaben werden aus dem Ministerium ausgegliedert und sind mit Wirkung vom 1.6.1957 in die Zentralstelle Sicherheit zu überführen. Das für die Wahrnehmung dieser Aufgaben bestimmte Personal bildet das VP der Zentralstelle Sicherheit.

III.

Die Leiter der Unterabteilungen IV G, IV J, IV E und IV C (Inl.) legen mir umgehend über IV G und IV D je den Entwurf eines Befehls vor, der die weiteren Maßnahmen in bezug auf die fortschreitende Errichtung der neuzubildenden zentralen Dienststellen regelt.

IV. Unterbringung

Mit der durch o.a. Vorgang befohlenen Umgliederung innerhalb des Ministeriums und der Errichtung neuer Dienststellen sind zunächst Änderungen in der Unterbringung nicht verbunden.
Auch soweit durch diesen Befehl ab 1.6.1957 Änderungen in der gliederungsmäßigen Zuordnung von Aufgabengebieten innerhalb des Führungsstabes der Bundeswehr eintreten, sind keine räumlichen Veränderungen vorzunehmen.

V. Bezeichnungen

1.) Gem. o. Erlaß sind ab 1. 6. 1957 die Bezeichnungen der Führungsstäbe und der Inspektion des Sanitäts- und Gesundheitswesens vor den bisherigen Gliederungsbezeichnungen zu führen. Damit sind neue innerorganisatorische Gliederungsbezeichnungen nicht verbunden. Diese bedürfen vielmehr der einheitlichen Festlegung und sollen nach Fertigstellung des Organisationsplanes der Führungsstäbe und der Inspektion auf der Grundlage des Haushalts 1957 - voraussichtlich in 6-8 Wochen - in Kraft gesetzt werden.

a) Bis dahin sind die neuen Bezeichnungen der bisherigen Abteilungen im Geschäftsverkehr wie folgt zu verwenden:

Beispiele:

„Der Bundesminister für Verteidigung
Führungsstab des Heeres
V B 2 Tgb.Nr.: . . .“ oder
„Führungsstab der Bundeswehr
IV D 1 Tgb.Nr.: . . .“

Anmerkung:

Bei den römischen Zahlen, großen Buchstaben und arabischen Zahlen handelt es sich um die bisherigen Gliederungsbezeichnungen.

b) Die Unterabteilung IV H erhält ab 1.6.1957 die Bezeichnung „Inspektion des Sanitäts- und Gesundheitswesens“.

Beispiel:

„Inspektion des Sanitäts- und Gesundheitswesens
IV H 1 Tgb.Nr.: . . .“

2.) Die Referate bzw. Aufgabengebiete, die nach diesem Befehl in die Zuständigkeit anderer Unterabteilungen übergehen, führen als gliederungsmäßige Bezeichnungen hinter der Bezeichnung „Führungsstab der Bundeswehr“ die Bezeichnung der Unterabteilung, in die sie eingegliedert werden und ihre alte Referatsbezeichnung.
Neue Referatsbezeichnungen sind nicht einzuführen.

Beispiel:

„Führungsstab der Bundeswehr
IV A/G 3“

3.) Für die neu zu errichtenden, dem Ministerium unmittelbar nachgeordneten Dienststellen sind folgende Bezeichnungen zu verwenden:

a) „Der Bundesminister für Verteidigung V.P. Amt Territoriale Verteidigung“
b) „Der Bundesminister für Verteidigung V.P. Zentralstelle Sicherheit“

c) „Der Bundesminister für Verteidigung V.P. Arbeitsgruppe Bundeswehr und Öffentlichkeit“
d) „Der Bundesminister für Verteidigung V.P. Materialamt der Streitkräfte“

In Vertretung
gez. *Panitzki*

Beglaubigt:
gez. Unterschrift
Verw. Angestellter

Organisationsplan des Bundes-ministeriums für Verteidigung
Stand: 10.01.1958

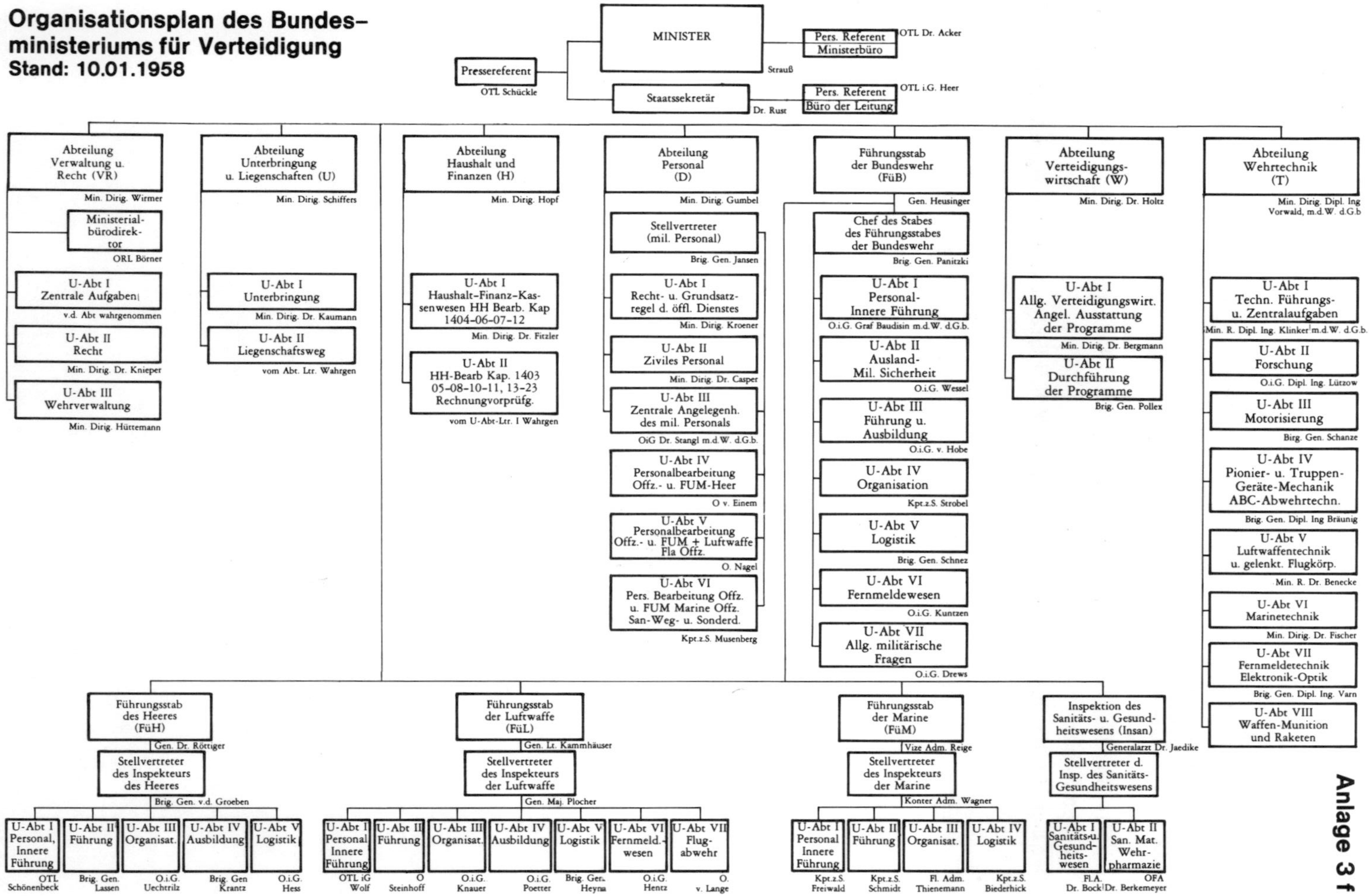

Anlage 3 f

Anlage 3 g

- Staatssekretär - Bonn, den 8. September 1960

An den
Herrn Generalinspekteur
Herrn Inspekteur des Heeres
Herrn Inspekteur der Luftwaffe
Herrn Inspekteur der Marine
Herrn Inspekteur des Sanitäts- und Gesundheitswesens

Betr.: Organisationsplan des BMVtdg
Vorg.: VR I Az 10-02-10 TgbNr 267/60 Vs-NfD vom 19.8.1960

Zur Klarstellung wird auf folgendes hingewiesen:

1. Das unmittelbare Vortragsrecht der Herren Inspekteure beim Herrn Minister und beim Staatssekretär wird durch den Organisationsplan nicht berührt.

2. Die Stellung der Herren Inspekteure und der Führungsstäbe gegenüber den anderen Abteilungen des Ministeriums wird durch den Organisationsplan nicht berührt.

3. Es trifft nicht zu, daß die Führungsstäbe und die Sanitätsinspektion nur über Fü B mit den übrigen Abteilungen des Ministeriums in Verbindung treten können.

4. Der Organisationsplan entspricht der Tatsache,

a) daß der Herr Generalinspekteur nach Aufgaben und Einstufung nicht im Range eines ministeriellen Abteilungsleiters steht. Er befindet sich in der Besoldungsgruppe B 10, während die Herrn Inspekteure und Abteilungsleiter in den Besoldungsgruppen B 8, B 6 und B 5 eingestuft sind.

b) daß der Generalinspekteur durch die seinerzeit ergangene Anordnung Weisungsrecht besitzt.

gez. *Hopf*

Anlage 3 h

Min Bonn, den 7. Februar 1964
VR I 1 - Az. 10-02-05-00

An
Innenverteiler III

Betr.: Neuordnung des Ministeriums
Anlg.: - 2 -

I. Nachdem die Aufbauphase der Bundeswehr im wesentlichen abgeschlossen ist, werden im Rahmen der allgemeinen Konsolidierung die Aufgaben im Bundesverteidigungsministerium neu geordnet. Die jetzt getroffenen organisatorischen Maßnahmen dienen der Straffung der Arbeitsweise. An die Leitung des Ministeriums werden künftig nur noch Vorgänge gelangen, die einer Entscheidung auf dieser Ebene bedürfen und die durch Mitwirkung aller beteiligten Stellen entscheidungsreif sind.

II. Mit Wirkung vom 10. Februar 1964 ordne ich an:

1. Es wird der Dienstposten „Stellvertreter des Staatssekretärs" eingerichtet (Kurzbezeichnung: StellvSts).
Dem Stellvertreter des Staatssekretärs werden zugleich die Abteilungen

Verwaltung und Recht (VR)
Personal (P)
Unterbringung, Liegenschafts- und Bauwesen (U)
Verteidigungswirtschaft (W) und
Wehrtechnik (T)

unterstellt.

2. Dem Generalinspekteur und Leiter der Abteilung „Führungsstab der Bundeswehr" werden die Abteilungen

Führungsstab des Heeres (Fü H)
Führungsstab der Luftwaffe (Fü L)
Führungsstab der Marine (Fü M) und
Inspektion des Sanitäts- und Gesundheitswesens (InSan)

unterstellt.

Es wird der Dienstposten eines „Stellvertreters des Generalinspekteurs der Bundeswehr“ eingerichtet (StellvGenInsp). Der Stellvertreter ist zugleich Vertreter des Generalinspekteurs in dessen Eigenschaft als Abteilungsleiter Fü B.

3. Die Aufgaben der bisherigen Abteilung H werden mit den Aufgaben der Planungsgruppe (UAZPl) und denen der Organisation des Verteidigungsressorts zur „Abteilung Zentralplanung, Finanzen, Haushalt, Organisation“ zusammengefaßt (Kurzbezeichnung: ZH). Die Abteilung untersteht dem Staatssekretär unmittelbar.

4. Die bisherige Unterabteilung P I wird als Unterabteilung VR IV in die Abteilung VR eingegliedert.

5. Der Leiter der Abteilung Wehrtechnik gehört dem Militärischen Führungsrat als wissenschaftlicher Berater bei der Erörterung von Fragen der Wehrtechnik an.

III. Die sich hieraus ergebenden Änderungen des Organisations-, Geschäftsverteilungs- und Stellenplans sind vom Organisationsreferat zu veranlassen.

IV. Ich habe Anweisung gegeben, zur weiteren Straffung der Organisation und zur Rationalisierung der Arbeit des Ministeriums, den gesamten Organisations-, Geschäftsverteilungs- und Stellenplan zu überarbeiten. Hierbei wird von dem Grundsatz ausgegangen, daß Entscheidungsbefugnis weitgehend nach unten zu verlagern ist, um zugleich die Verantwortungsfreudigkeit der sachbearbeitenden Stellen zu fördern.

von Hassel

Beglaubigt:
gez. Wieschmann
Angestellte

Anlage 1
zum Neuordnungserlaß
vom 7.2.1964

Befugnisse des Generalinspekteurs und seines Stellvertreters

gem. Abschn. II Nr. 2 des Neuordnungserlasses (Min - VR I 1 - Az. 10-02-05-00)

I. Generalinspekteur

Die in Nr. 2 des Neuordnungserlasses angeordnete Unterstellung der Führungsstäbe der Teilstreitkräfte und der InSan unter den Generalinspekteur begründet dessen Weisungsbefugnis gegenüber den genannten Abteilungen.
Der Generalinspekteur kann die Angehörigen seines Arbeitsstabes (Führungsstab der Bw) ermächtigen, die ihm übertragene Weisungsbefugnis auszuüben.

II. Stellvertreter des Generalinspekteurs

Der Stellvertreter des Generalinspekteurs (StellvGenInsp) ist dessen ständiger Vertreter. Dies gilt auch in dessen Eigenschaft als Abteilungsleiter Fü B.

Anlage 2
zum Neuordnungserlaß
vom 7. 2. 1964

Neuorganisation des Militärischen Führungsrates

1. Der mit Erlaß BMVtdg - Az. 1518/55 vom 22.11.1955 gebildete „Militärische Führungsrat“ hat künftig die Aufgabe, den Generalinspekteur der Bundeswehr in allen Fragen der Gesamtkriegführung und auf den Gebieten der Führung, Organisation, Ausbildung, Ausrüstung und Versorgung der Streitkräfte zu beraten.

2. Der Militärische Führungsrat besteht aus den Inspekteuren der Teilstreitkräfte, dem Inspekteur des Sanitäts- und Gesundheitswesens sowie dem Befehlshaber der Territorialen Verteidigung.
Der Leiter der Abteilung Wehrtechnik gehört dem Militärischen Führungsrat als wissenschaftlicher Berater bei der Erörterung von Fragen der Wehrtechnik an.
Den Vorsitz im Militärischen Führungsrat führt der Generalinspekteur.

3. Der Erlaß BMVtdg - Az 1518/55 vom 22.11.1955 wird aufgehoben.

Anlage 3 i

Der Bundesminister der Verteidigung

Hamburg-Blankenese,
den 21. März 1970

An
Sonderverteiler

Betr.: Umgliederung des militärischen Bereichs im BMVtdg
Anlg.: - 4 -

Die bisherige Organisation des Ministeriums hat sich als nicht klar und eindeutig genug herausgestellt. Vor allem die Verantwortung des Generalinspekteurs für die Gesamtaufgaben der Streitkräfte und die Verantwortung der Inspekteure für die Einsatzbereitschaft ihrer Teilstreitkraft treten zu wenig hervor.

Die Neuregelung hat davon auszugehen, daß eine umfassende Ordnung der Spitzengliederung der Bundeswehr dem Gesetzgeber vorzubehalten ist und daß das Verhältnis der Bundeswehr zu den Truppen und Stäben der NATO im Sinne unserer Bündnisverpflichtungen unberührt bleiben muß.

In diesem Sinne ordne ich folgende Teilregelung mit Wirkung vom 6. April 1970 an:

1. Truppendienstliche Befugnisse üben aus:
   a) die Inspekteure der Teilstreitkräfte gegenüber ihrer nachgeordneten Teilstreitkraft;
   b) der Stellvertreter des Generalinspekteurs gegenüber den Zentralen Militärischen Dienststellen der Bundeswehr;
   c) der Inspekteur des Sanitäts- und Gesundheitswesens gegenüber dem Sanitätsamt der Bundeswehr mit nachgeordnetem Bereich.
2. Die Inspekteure des Heeres, der Luftwaffe, der Marine und des Sanitäts- und Gesundheitswesens sowie der Stellvertreter des Generalinspekteurs haben Disziplinargewalt nach Maßgabe der Anlage 1.

3. Der Stellvertreter des Generalinspekteurs wird mit Wirkung vom 6.4.1970 von seiner Aufgabe als Abteilungsleiter des Führungsstabes der Streitkräfte (Fü S) entbunden. Er nimmt von diesem Zeitpunkt ab ausschließlich die Aufgabe des Stellvertreters des Generalinspekteurs wahr.

4. Die in der Anlage 2 aufgeführten Grundsätze für Organisation und Verfahren sind bindend. Weisungen, die diesen Regelungen widersprechen, werden - soweit zur Klarstellung noch erforderlich - ausdrücklich als aufgehoben bezeichnet oder in angepaßter Form bekanntgegeben werden. Weiter notwendige organisatorische Maßnahmen sind vom Organisationsstab mit den Führungsstäben vorzubereiten. Die in diesem Zusammenhang erforderliche Umgliederung der Führungsstäbe zum Zwecke der Straffung und möglichst einheitlichen Organisation nach Maßgabe des als Anlage 3 beigefügten Aufgabenkatalogs (nur an Innenverteiler) ist schrittweise durchzuführen und bis spätestens 30.9.1970 abzuschließen.

   Dazu wird angeordnet:

   a) Der Führungsstab der Streitkräfte ist unter Beschränkung auf die im Aufgabenkatalog genannten Gesamtaufgaben der Streitkräfte und unter Ausgliederung aller nicht im Ministerium wahrzunehmenden Aufgaben zu straffen und in Anlehnung an die in NATO-Stäben übliche Organisation in die folgenden Organisationselemente umzugliedern:

      - Innere Führung und Personal (bisher Fü S I)
      - Militärisches Nachrichtenwesen (bisher Fü S II)
      - Militärpolitik, Führung und Ausbildung (bisher Fü S III und IX)
      - Organisation (bisher Fü S IV)
      - Logistik (bisher Fü S V)
      - Fernmeldewesen (bisher Fü S VI)
      - Planung (bisher Fü S VIII)

   b) Für Fragen der Erziehung und Bildung in den Streitkräften und zur Beobachtung ihres inneren Gefüges ist im Bereich des Generalinspekteurs unter ausschließlicher Verwendung vorhandener Organisationselemente und Planstellen ein General zu beauftragen. Er soll dem Generalinspekteur unmittelbar unterstehen.

Unter entsprechender Änderung ihrer Bezeichnung und Klarstellung ihrer Aufgaben wird die Zuständigkeit der Generale (bzw. Admiral) für Erziehung und Bildung im nachgeordneten Bereich der Teilstreitkräfte ausschließlich auf die Bearbeitung der Offizier- und Unteroffizierausbildung sowie der Nachwuchsförderung festgelegt.
Der Generalinspekteur legt nach Beratung im Militärischen Führungsrat bis 1.5.1970 einen Vorschlag zur Regelung der Einzelheiten vor.

5. Aufgaben und Zuständigkeiten der nichtmilitärischen Abteilungen und sonstigen Organisationseinheiten bleiben, mit Ausnahme der für die Abteilung P zu erlassenden Verfahrensgrundsätze, von dieser Regelung unberührt.
Vorbehalten bleibt eine Straffung von Organisation und Verfahren auf den Gebieten der Technik und Beschaffung sowie der Infrastruktur.
Zur Rationalisierung des Verhältnisses zwischen den militärischen Bedarfsträgern und den bedarfsdeckenden Abteilungen ergehen gesonderte Weisungen.

6. Der Generalinspekteur legt bis zum 15.8.1970 einen im Militärischen Führungsrat abgestimmten Vorschlag zur Aufgabenverteilung im Bereich der strukturellen und quantitativen Personalplanung entsprechend Anlage 4 Abschnitt I vor.
Die Personalabteilung legt bis zum 15.8.1970 einen gleichfalls im Militärischen Führungsrat abgestimmten Entwurf zur Realisierung der in der Anlage 4 Abschnitt II enthaltenen Verfahrensgrundsätzen für die Personalabteilung vor.
Die entsprechenden Abteilungen und der Organisationsstab sind zu beteiligen.

7. Die Personalabteilung weist zum 6.4.1970 – zunächst im Abordnungswege – den Inspekteuren der Teilstreitkräfte und dem Stellvertreter des Generalinspekteurs – diesem zugleich für den Inspekteur des Sanitäts- und Gesundheitswesens – je einen Rechtsberater zu.

Anlage 3k

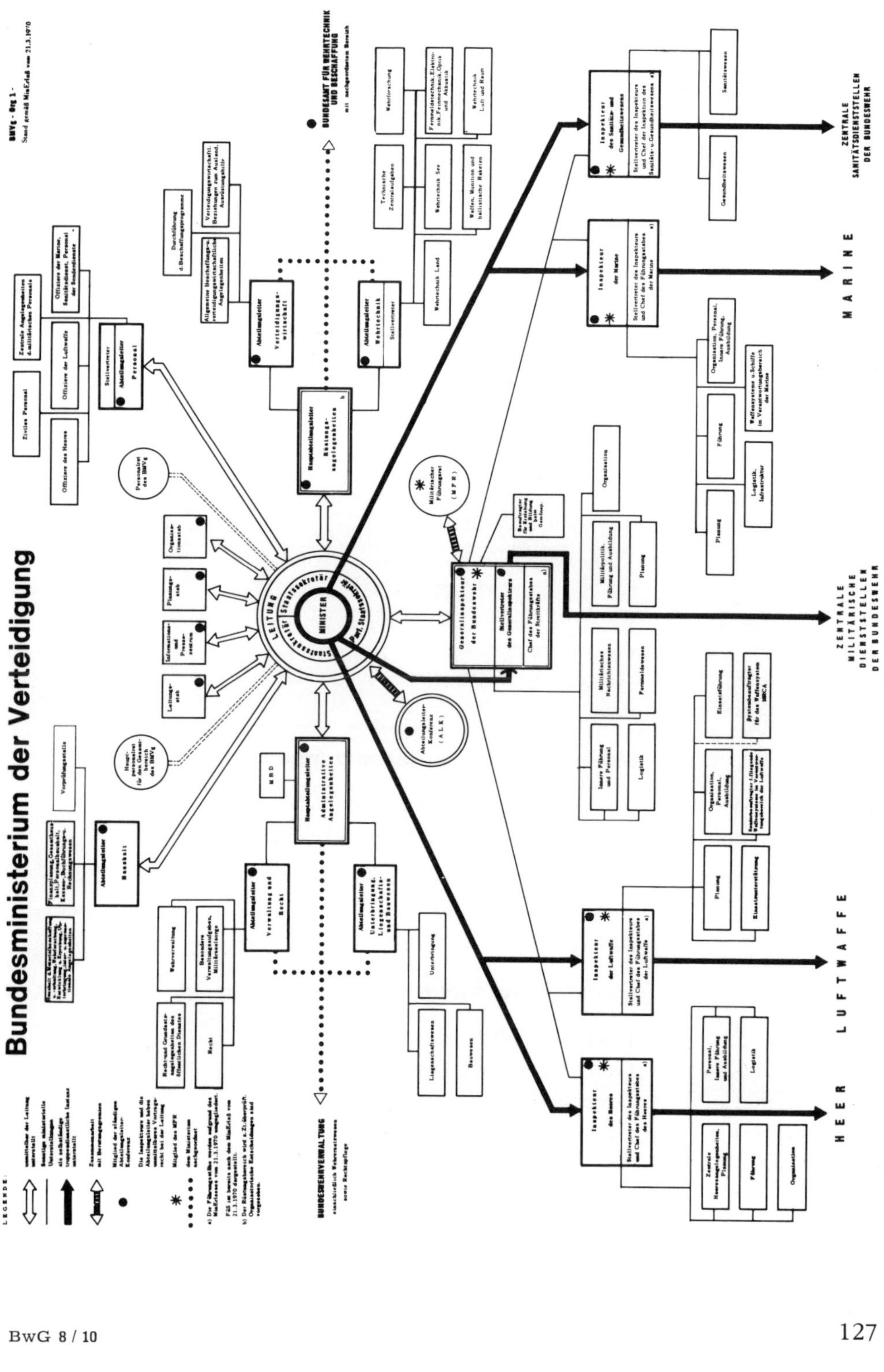
Bundesministerium der Verteidigung
LEITUNG
MINISTER
Staatssekretär
Parl. Staatssekretär
BUNDESWEHRVERWALTUNG
BUNDESAMT FÜR WEHRTECHNIK UND BESCHAFFUNG
HEER
LUFTWAFFE
ZENTRALE MILITÄRISCHE DIENSTSTELLEN DER BUNDESWEHR
MARINE
ZENTRALE SANITÄTSDIENSTSTELLEN DER BUNDESWEHR

Anlage 4

Besetzung der Spitzenstellen in den deutschen Streitkräften von 1955 bis 1977

Am 26.10.1950 wurde der Bundestagsabgeordnete Theodor Blank (geb. 19.09.05) zum „Beauftragten für alle Fragen, die mit der Vermehrung der alliierten Besatzungstruppen zusammenhängen“, ernannt (Amt Blank).

Bundesminister der Verteidigung

ab 7. 6.1955	*Theordor Blank* (CDU)
ab 16.10.1956	*Franz Josef Strauß* (CSU)
ab 10. 1.1963	*Kai-Uwe von Hassel* (CDU)
ab 1.12.1966	*Gerhard Schröder* (CDU)
ab 22.10.1969	*Helmut Schmidt* (SPD)
ab 7. 7.1972	*Georg Leber* (SPD)
ab 16. 2.1978	*Hans Apel* (SPD)

Militärische Spitzenbesetzungen

Am 14.11.1955 wurden ernannt:

Generalleutnant Dr. Hans Speidel
zum Leiter der Abteilung Streitkräfte im BMVg,

Generalleutnant Adolf Heusinger
zum Vorsitzenden des Militärischen Führungsrates im BMVg.

Generalinspekteur

ab 1. 4.1957	*General Adolf Heusinger* (H)
ab 1. 4. 1961	*General Friedrich Foertsch* (H)
ab 1.11.1964	*General Heinz Trettner* (H)
ab 25. 8.1966	*General Ulrich de Maiziere* (H)
ab 1. 4.1972	*Admiral Armin Zimmermann* (Mar)
ab 15.12.1976	*General Harald Wust* (Lw)

*) Quellen: Stellenbesetzungslisten, Handbuch der Bundeswehr, hrsg. BMVg Inf. u. Pressestab 1972, Zeitschrift „Europäische Wehrkunde“: Personalveränderungen in der Bundeswehr

Inspekteure der Teilstreitkräfte und der InSan

Heer

ab 1. 6. 1957	*Generalleutnant Hans Röttiger*
ab 1. 8.1960	*Generalleutnant Alfred Zerbel*
ab 1.10.1964	*Generalleutnant Ulrich de Maiziere*
ab 25. 8.1966	*Generalleutnant Josef Moll*
ab 1.10.1968	*Generalleutnant Albert Schnez*
ab 1.10.1971	*Generalleutnant Ernst Ferber*
ab 1.10.1973	*Generalleutnant Horst Hildebrandt*

Luftwaffe

ab 1. 6.1957	*Generalleutnant Josef Kammhuber* (ab 9.5.1961 *General)*
ab 1.10.1962	*Generalleutnant Werner Panitzki*
ab 12. 9.1966	*Generalleutnant Johannes Steinhoff*
ab 1. 1.1971	*Generalleutnant Günther Rall*
ab 1. 4.1974	*Generalleutnant Gerhard Limberg*
ab 1.10.1978	*Generalleutnant Friedrich Obleser*

Marine

ab 1. 6.1957	*Vizeadmiral Friedrich Ruge*
ab 7. 8.1961	*Vizeadmiral Karl-Adolf Zenker*
ab 1.10.1967	*Vizeadmiral Gert Jeschonnek*
ab 1.10.1971	*Vizeadmiral Heinz Kühnle*
ab 1. 4.1975	*Vizeadmiral Günter Luther*

InSan

ab 1. 9.1957	*Generalstabsarzt Dr. Theodor Joedicke*
ab 1.10.1962	*Generaloberstabsarzt Dr. Wilhelm Albrecht*
ab 1. 4.1967	*Generaloberstabsarzt Dr. Herbert Hockemeyer*
ab 1. 4.1969	*Generaloberstabsarzt Dr. Eberhard Daerr*
ab 1.10.1972	*Admiraloberstabsarzt Dr. Hans-Georg Stemann*
ab 1.10.1976	*Generaloberstabsarzt Prof. Dr. Ernst Rebentisch*

Anlage 6

Spitzenstellen, die von deutschen Offizieren in der NATO besetzt werden.

Befehlshaber der Landstreitkräfte der NATO in Mitteleuropa

ab 1. 4.1957 *General Dr. Hans Speidel*
ab 1. 9.1963 *General Johann Adolf Graf von Kielmansegg*

Oberbefehlshaber der Alliierten Streitkräfte in Europa Mitte (AFCENT)

ab 1. 8.1966 *General Johann Adolf Graf von Kielmansegg*
ab 1. 4.1968 *General Jürgen Bennecke*
ab 1.10.1973 *General Ernst Ferber*
ab 1.10.1975 *General Dr. Karl Schnell*
ab 1.10.1976 *General Franz-Joseph Schulze*

Vorsitzender des Ständigen Militärausschusses der NATO

ab 1.4.1961- 3.3.1964 *General Adolf Heusinger (H)*
ab 1.4.1971-31.3.1974 *General Johannes Steinhoff (Lw)*

Stellvertreter des Obersten Alliierten Befehlshabers in Europa (Deputy SACEUR)

ab 1. 1.1978 *General Gerd Schmückle*

Anlage 7

Obere Militärische Führung Feldheer

Kommandierender General

I. Korps	II. Korps	III. Korps
ab 1.10.1956 *GM C. Siewert*	ab 27.11.1956 *GM F. Foertsch*	ab 1. 6.1957 *GL Freiherr v. Lüttwitz*
ab 1. 4.1957 *GL G. Matzky*	ab 1. 4.1957 *GL M. Pemsel*	ab 1. 1.1961 *GL H. Gaedcke*
ab 1. 3.1960 *GL H. Trettner*	ab 1.10.1961 *GL L. Hepp*	ab 1. 4.1965 *GL A. Schnez*
ab 1.10.1963 *GL H. Meyer-Detring*	ab 1.10.1967 *GL K.-W. Thilo*	ab 1.10.1968 *GL G. Niepold*
ab 10.10.1966 *GL J. Bennecke*	ab 1.10.1970 *GL Dr. H. Schönefeld*	ab 1.10.1972 *GL F. Pöschl*
ab 15. 1.1968 *GL O. Uechtritz*	ab 1. 4.1976 *GL C.-G. v. Ilsemann*	ab 1. 4.1978 *GL P.-G. Kleffel*
ab 1.10.1970 *GL H. Hinrichs*		
ab 1.10.1974 *GL H.H. Klein*		
ab 1. 4.1978 *GL Dr. F. v. Senger und Etterlin*		

Obere Militärische Führung Luftwaffe

Kommandierender General

Luftwaffengruppe Süd	Luftwaffengruppe Nord
ab 10.12.1957 *GL J. Huth*	ab 1. 8.1957 *GL M. Harlinghausen*
ab 1. 1.1962 *GL H. Trautloft*	ab 1. 1.1962 *GM W. Panitzki*
	ab 1.10.1962 *GM R. Walter*
	ab 1.10.1963 *GL W.E. Hoffmann*
	ab 1. 4.1968 *GL H. Mahlke*

Nach Umgliederung der Luftwaffe ab 1.10.1970:

Kommandierender General der Luftflotte

ab 1.10.1970
GL G. Rall

ab 1. 4.1971
GL H. Wehnelt

ab 1.10.1974
GL W. Krupinski

ab 1. 1.1977
GL B. Loosen

Obere Militärische Führung Marine

Befehlshaber der Flotte

(bis 1967: Kommando der Seestreitkräfte)

ab 16. 3.1957
KA R. Johannesson

ab 1.10.1961
KA K. Smidt

ab 1.10.1963
VA H. Gerlach

ab 1.10.1966
VA K. Hetz

ab 1.10.1970
VA A. Zimmermann

ab 1. 4.1972
VA P. Hartwig

ab 1.10.1975
VA H.-H. Klose

ab 1.10.1978
VA Günter Fromm

Anlage 8

Obere Militärische Führung Territorialheer

(bis 1969: Territoriale Verteidigung)

Befehlshaber

KTV*)		Wehrbereich I
ab 1. 4.1958 *GL H.J. v. Horn*		ab 1. 6.1957 *KA B. Rogge*
ab 1.10.1961 *GL J. Schwatlo-Gesterding*		ab 1. 4.1962 *KA H.R. Rösing*
ab 1. 4.1964 *GL F. Übelhack*		ab 1.10.1965 *KA H. Neuss*
ab 1. 4.1968 *GL A.D. v. Plato*		ab 1. 4.1968 *KA F. Kemnade*

TerrKdo Nord	TerrKdo Süd	TerrKdo S.-H./
ab 15. 7.1969 *GM W.P. Sieber*	ab 6. 7.1969 *GM W. Drews*	*KA F. Kemnade*
ab 1. 4.1970 *GM R. Jenett*	ab 1. 4.1972 *GM H.-J. v. Kalckreuth*	ab 1.10.1970 *KA B. Jung*
ab 1.10.1970 *GM H. Wilde*	ab 1.10.1975 *GM R. Reichenberger*	ab 1.10.1973 *KA W. Benzino*
ab 1.10.1976 *GM W. v. Bergh*	ab 1. 1.1977 *GM H. Göricke*	

Anm.: Kommando Territoriale Verteidigung (KTV) als oberster Kommandobehörde für die „Territoriale Verteidigung" der Bundeswehr bestand seit 1.4.1958 –

Wehrbereich II	Wehrbereich III	Wehrbereich IV
ab 4. 6.1956 *GM H.J. v. Horn*	ab 18.12.1957 *GM R. Schimpf*	ab 26. 4.1956 *GM P. Herrmann*
ab 1. 4.1958 *GM K. Siewert*	ab 1. 7.1962 *GM G. Pape*	ab 1.10.1961 *GM O. Hansen*
ab 1.10.1960 *GM J. Schwatlo-Gesterding*	ab 1.10.1966 *GM W.P. Sieber*	ab 1.10.1964 *GM Ch. Schaeder*
ab 1.10.1961 *GM CH. Müller*	ab 15. 7.1969 *GM W. Wagenknecht*	ab 1.10.1969 *GM K.T. Molinari*
ab 1.10.1964 *GM H. Wilcke*	ab 1.10.1969 *GM Dr. W. Roos*	ab 1.10.1970 *GM G. Reischle*
ab 1.10.1967 *GM K. Kleyser*	ab 1.10.1973 *GM K. Eschenbach*	ab 1. 4.1971 *GM J. Oster*
ab 1. 4.1970 *GM K. Schubert*	ab 1. 4.1978 *GM W. Windisch*	ab 1.10.1973 *GM E.-U. Hantel*
ab 1.10.1974 *GM G. Vollmer*		ab 1.10.1976 *GM H.B. Schuwirth*
ab 1.10.1977 *GM W. Garken*		

Wehrbereich V	Wehrbereich VI
ab 1. 5.1956 *GM K. Frhr. v. Liebenstein*	ab 26. 4.1956 *GM M. Pemsel*
ab 1.10.1960 *GM H. Reinhardt*	ab 1. 4.1957 *BG F.A. Übelhack*
ab 1.10.1962 *GM O. Lechler*	ab 1.10.1959 *GM P. Reichelt*
ab 1.10.1968 *GM K. Gerber*	ab 1. 4.1962 *GM W. Hess*
ab 1. 4.1972 *GM Dr. F. v. Senger und Etterlin*	ab 1. 4.1968 *GM Dr. K. Stangl*
ab 1.10.1974 *GM R. Reichenberger*	ab 1.10.1969 *GM W. Wagenknecht*
ab 1.10.1975 *GM H. F. Walitschek*	ab 1.10.1972 *GM R. Frodl*
ab 1. 4.1978 *GM Dr. J. Wilhelm*	ab 1.10.1977 *GM Kessler*

Anlage 9

Während der Drucklegung dieses Buches erfolgte Ende Oktober 1978 durch den Bundesminister der Verteidigung die Entscheidung über die neue Struktur des Heeres. Sie wird Schritt um Schritt in den nächsten Jahren realisiert werden.
Nach den Veröffentlichungen des BMVg soll sie wie folgt aussehen:

Die neue Struktur des Heeres

(Gem. BMVg Informations- und Pressestab vom 7.11.1978)

Die neue Struktur des Heeres ist Ergebnis einer Gesamtplanung für das Feldheer und das Territorialheer.

A. Die Struktur des Heeres

1. Das Feldheer hat 36 Brigaden der obersten NATO-Präsenzkategorie.
2. Die Brigaden haben 4 Kampfbataillone. Davon ist im Frieden eines gekadert und wächst im Spannungsfall aus aktiven und Geräteeinheiten rasch auf.
3. Die Bataillone haben im Frieden 4, im Verteidigungsfall 3 Kompanien. Die jeweils vierten Kompanien bilden zusammen das vierte Bataillon.
4. Die Kampfkompanien haben 13 Panzer beziehungsweise 11 Schützenpanzer/Mannschaftstransportwagen. Die Regieaufgaben werden auf Bataillon und Kompanie so verteilt, daß trotz notwendiger Rationalisierung die Verantwortung des Kompaniechefs nicht beeinträchtigt wird. Die Regieaufgaben in der Kompanie werden künftig wahrgenommen vom
   - Kompaniefeldwebel
   - Kompanietruppführer
   - Versorgungsunteroffizier
   - technischen Unteroffizier
5. Die Verfügungstruppen des Territorialheeres umfassen:
   a) Sechs Heimatschutzkommandos, die in ihrer Gliederung den Panzergrenadierbrigaden entsprechen. Vier davon haben einen Friedensumfang von 65 Prozent. Zwei Heimatschutzkommandos haben im Frieden 52 Prozent ihres Verteidigungsumfangs. Diese Großverbände sind so gegliedert und ausgerüstet, daß sie bei Bedarf auch zur Verstärkung der deutschen NATO-Verbände im Rahmen der Vorneverteidigung eingesetzt werden können.
   b) Sechs schwere Heimatschutzregimenter als Geräteeinheiten. Sie sind brigadeähnlich gegliedert und mit schweren Waffen ausgerüstet.

6. Soldaten der Verfügungsbereitschaft werden im Feld- und Territorialheer mehr als bisher genutzt. Mit ihrer Hilfe kann die Präsenz der Kampfverbände noch vor Mobilmachung erhöht werden. Verfügungsbereite üben regelmäßig in ihren Stammeinheiten.
   Dafür wird die Zahl der Wehrübungsplätze des Heeres um die Hälfte erhöht (und zwar von 4000 auf 5900 Plätze).

B. Die Kosten

1. Personalaufwand
   Für die Aufstellung der drei neuen Brigaden sind 1800, für die Vermehrung der Bataillone und Kompanien 1200 Stellenanhebungen notwendig. Die Zahl der Wehrübungsplätze wird um 1900 auf 5900 erhöht. Insgesamt entstehen jährlich Mehrkosten von rund 50 Millionen DM, die im Verteidigungsetat aufgefangen werden.
2. Infrastrukturkosten
   Es entsteht ein einmaliger Mehrbedarf von 300 Millionen DM, der sich auf einen Zeitraum von 5 bis 6 Jahren verteilt. Dieser Mehrbedarf entfällt zu 60 % auf Bauten für die Verbesserung der Einsatzbereitschaft des Territorialheeres. Die restlichen Kosten entstehen durch die Aufstellung von drei weiteren Brigaden und den Ausbau der Organisationsbereiche aufgrund der neuen Heeresstruktur.

Mit diesen Entscheidungen wird erreicht:

Die Bündnisverpflichtungen werden erfüllt, die Verteidigungsfähigkeit wird gestärkt. Das Heer erhält eine Struktur, die den politischen, strategischen und technischen Bedingungen der 80er Jahre entspricht.

1. Statt bisher 33 werden 36 Brigaden der obersten NATO-Kategorie unterhalten. Mehr kampfkräftigere Reserven werden verfügbar.
2. Die konventionelle Abwehrkraft wird entsprechend den strategischen Bedingungen gestärkt. Die Handlungsfähigkeit der Bundesregierung in einer Krise wird durch die kurzfristig aufzustockenden Verbände des Territorialheeres verbessert. Damit wird die Abschreckung wirksamer. Die besseren Voraussetzungen zu ausdauernder Vorneverteidigung unterstützen die Politik des Bündnisses,

vor allem der Vereinigten Staaten, im Bedarfsfall Verstärkungen nach Europa zu bringen.

3. Die Möglichkeiten moderner Technik, insbesondere bei der Panzerabwehr und in der Beweglichkeit der Verbände und Einheiten, werden zur Steigerung der Gefechtswirksamkeit ausgenutzt. Mehr, aber kleinere Verbände und Einheiten sind besser führbar. Mehr schwere Waffen als bisher sind ständig besetzt. Sechs brigadeähnliche Großverbände (Heimatschutzkommandos) können rasch und kampfkräftig die Vorneverteidigung stützen. Das Potential an ausgebildeten Reservisten wird intensiver genutzt.
4. Der Friedensumfang der Streitkräfte wird nicht erhöht. Allerdings werden die Soldaten der Bundeswehr durch die Entscheidungen zur Heeresstruktur künftig stärker nach den Erfordernissen der Vorneverteidigung eingesetzt. Die Wehrpflicht bleibt nach Art und Dauer erhalten. An den Verteidigungshaushalt werden nur insoweit Forderungen gestellt, als dafür nachweislich mehr Kampfkraft geschaffen wird.
5. Zusätzliche Planstellen oder Stellenanhebungen sind auf das Maß beschränkt, das sich aus der Bereitstellung von mehr Brigaden, Bataillonen und Kompanien ergibt. Der Erhöhung der Betriebskosten sind enge Grenzen gesetzt.
6. Die vom Parlament gebilligten Beschaffungsvorhaben zur Modernisierung der Ausrüstung in den Streitkräften können verwirklicht werden. Sie bleiben finanziell gesichert.

Die neue Struktur ist Ergebnis langjähriger Planungen und Erprobungen. Erfahrungen der Truppe wurden berücksichtigt.
Die Entscheidung stellt angesichts der vielfältigen Vorgaben einen Kompromiß dar. Es kam darauf an, die Soldaten und ihre Familien so weit wie möglich vor Ortswechsel zu bewahren, die vorhandenen Gebäude möglichst auszunutzen, die Einheiten nicht zu klein werden zu lassen und dennoch die Wirksamkeit moderner Waffen bei ihrer Neugliederung zu berücksichtigen. Das alles mußte im Rahmen des finanziell Möglichen bleiben.

Anlage 10

Begriffsbestimmungen*)

In der Bundeswehr gibt es, wie auch in anderen Bereichen der modernen Gesellschaft, eine große Anzahl von Begriffen, deren Bedeutung nur noch der kennt, der täglich mit diesen zu arbeiten hat. Zum besseren Verständnis werden nachfolgend die in diesem Buch verwendeten wichtigsten Begriffe erklärt. Der Hinweis in Klammern ( ) gibt die Quelle an, in der die Begriffe so festgelegt worden sind.

Armee	Truppenverband – Zusammenfassung mehrerer Korps. Im Sprachgebracuh auch: Gesamtheit der Soldaten.
Assignierte Streitkräfte	Präsente nationale Streitkräfte, die der Kommandogewalt eines NATO-Befehlshabers unterstehen. Dies gilt im Frieden nur für Verbände der Luftverteidigung. Andere Verbände werden einem NATO-Befehlshaber erst im Spannungs- oder Verteidigungsfall unterstellt. Sie sind zur Assignierung vorgesehen. (Weissbuch 1973/74)
Dienststelle	Organ im Geschäftsbereich des Bundesministers der Verteidigung, das einen zugewiesenen Aufgabenbereich im Rahmen erteilter Befugnisse und in Eigenverantwortung selbständig wahrnimmt. (ZDv 1/50 – Neuentwurf)
Einheit	Einheit ist die allgemeine Bezeichnung für die untersten Gliederungsformen der Truppe, die Dienststellen sind, z.B. Kompanie. (ZDv 1/50 – Neuentwurf)
Fachdienstliche Unterstellung	Diese Unterstellung wird auf dem Gebiet des Sanitäts- und Gesundheitswesens angeordnet, wenn Maßnahmen erforderlich sind, die einen gesetzlich vorgeschriebenen Befähigungsnachweis (Approbation) voraussetzen oder an bestimmte Rechtsnormen gebunden sind und durch die trup-

*) Anm.: Erklärungen soweit im vorliegenden Buch verwendet.

	pendienstliche Unterstellung nicht sichergestellt werden können. (ZDv 1/50 - Neuentwurf)
Führungssystem	Geordneter Zusammenhang von Führungsorganisation, Führungsverfahren, Führungsmitteln und Führungseinrichtungen zur Unterstützung bei Führungsaufgaben. (Weissbuch 1973/74)
Infanterie	Bezeichnung der Soldaten, die als Einzelkämpfer auch zu Fuß kämpfen können müssen. Hierzu gehören neben den Panzergrenadieren und den Angehörigen der Jägertruppe auch die Panzerjäger, Gebirgsjäger, Fallschirmjäger sowie die Soldaten der Sicherungseinheiten des Territorialheeres.
Kader-Verband	Im Frieden bestehender Rahmenverband, dessen volle Einsatzbereitschaft erst bei Mobilmachung durch Einberufung von Reservisten hergestellt wird. (Weissbuch 1971/72)
Kommandobehörde	Stab eines Kommandeurs/Befehlshabers.
Logistik	Planung, Bereitstellung und Einsatz der für die Versorgung der Streitkräfte notwendigen Mittel und Dienstleistungen. Sie umfaßt die materielle Versorgung und Materialerhaltung, Infrastruktur, das Transport- und Verkehrswesen sowie den Truppensanitätsdienst. (Weissbuch 1973/74)
Matrixorganisation	Organisationsform, bei der die (traditionelle) nach Funktionen gegliederte Organisation von einer projektorientierten (in der Wirtschaft z.B. produktorientierten) Organisation überlagert wird. Hierdurch überschneiden sich zwei Kompetenzsysteme. Diese Gesamtorganisation gleicht damit einer Matrix.
Militärische Ordnung	Aufrechterhaltung der Disziplin und Ordnung im Bereich der Streitkräfte.
Operations Research	Bezeichnung für alle Verfahren der qualitativen und quantitativen Untersuchung von Systemen oder Operationen mit systemanalytischer Zielsetzung. Die Untersuchungen

	dienen der objektiven Beurteilung von Entscheidungsproblemen, um Alternativen zu bewerten oder Optimallösungen zu bestimmen (Systemanalyse). (Weissbuch 1973/74)
Pilotaufgabe	Wahrnehmung bestimmter Aufgaben durch eine Person oder Institution als Treuhänder für die Belange eines über ihre ursprünglichen Zuständigkeiten hinausgehenden Bereiches mit den sich daraus ergebenden Verpflichtungen. (Weissbuch 1973/74)
Reservist	In der Bundesrepublik Deutschland der Mann, der - in der Bundeswehr seinen Grundwehrdienst geleistet oder als Längerdienender freiwillig gedient hat - nicht gedient hat, aber ebenfalls der Wehrüberwachung unterliegt.
Rückwärtige Kampfzone	Operationsgebiet zwischen rückwärtiger Korpsgrenze und rückwärtiger Grenze der Heeresgruppe.
Stab	Der Stab ist eine Dienststelle zur Führung von unterstellten Einheiten, Verbänden, Großverbänden und/oder sonstigen Dienststellen der Streitkräfte (ZDv 1/50 - Neuentwurf)
Truppendienstliche Unterstellung	Die truppendienstliche Unterstellung umfaßt alle einer Dienststelle zugeordneten Zuständigkeiten. Für den Einsatz und den Sanitätsdienst können von der truppendienstlichen Unterstellung abweichende Unterstellungen befohlen werden. (ZDv 1/50 - Neuentwurf)
Verband	Der Verband ist ein durch Zusammenfassung mehrerer Einheiten gebildeter Truppenteil von der Größe eines Bataillons an aufwärts. Die Zusammenfassung von Verbänden und Einheiten von der Brigade an aufwärts wird als Großverband bezeichnet (ZDv 1/50 - Neuentwurf)

Verfügungsbereitschaft Die einjährige Verfügungsbereitschaft schließt sich an den Grundwehrdienst des Wehrpflichtigen oder an das Dienstverhältnis eines Zeitsoldaten an. Ihr unterliegen alle, die zum Wehrdienst in der Verfügungsbereitschaft einberufen werden.

Über die Heranziehung zum Wehrdienst in der Verfügungsbereitschaft entscheidet der Bundesminister der Verteidigung. Damit die Verfügungsbereiten jederzeit erreichbar bleiben, sind ihnen besondere Pflichten auferlegt. Die Verfügungsbereitschaft gewährleistet, daß zur Auffüllung von Truppenteilen genügend Personal, für seine Verwendung ausgebildet, verfügbar ist.
(Weißbuch 1975/1976)

Abkürzungsverzeichnis*)

Im militärischen Bereich werden sehr viele Abkürzungen gebraucht. In diesem Buch wird versucht, so wenige wie möglich zu verwenden. Im folenden sind solche Abkürzungen aufgeführt, die im militärischen Sprachgebrauch überwiegend an Stelle des geschriebenen und/oder gesprochenen Wortes benutzt werden.

ABC-Abwehr	atomare, biologische, chemische Abwehr
Abt	Abteilung
Ausb	Ausbildung
BG	Brigadegeneral
BMVg	Bundesminister der Verteidigung
Brig	Brigade
Btl	Bataillon
Bw	Bundeswehr
Div	Division
Dst	Dienst
DV	Daten-Verarbeitung
EDV	Elektronische Daten-Verarbeitung
Elo	elektronisch
Fla	Flugabwehr
Fm	Fernmelde
Fü H	Führungsstab des Heeres
Fü L	Führungsstab der Luftwaffe
Fü M	Führungsstab der Marine
Fü S	Führungsstab der Streitkräfte
GenInsp	Generalinspekteur
GG	Grundgesetz
GL	Generalleutnant
GM	Generalmajor
HSchKdo	Heimatschutzkommando

*) Anm.: Abkürzungen soweit im vorliegenden Buch verwendet.

Insp	Inspekteur
Inst	Instandsetzung
InSan	Inspektion des Sanitäts- und Gesundheitswesens
KA	Konteradmiral
Kdo	Kommando
kn	Knoten
Log	Logistik
LSO	Leitender Sanitäts-Offizier
Lw	Luftwaffe
Mar	Marine
Mat	Material
MFR	Militärischer Führungsrat
mil	militärisch
mob	Mobilmachung
NATO	North Atlantic Treaty Organisation (Organisation des Nordatlantikvertrags)
Offz	Offizier
OR	Operations Research
OSTAN	Organisations-, Stärke- und Ausrüstungs-Nachweisung
PSV	Psychologische Verteidigung
Rgt	Regiment
RV	Richtfunk-Verbindung
San	Sanität
SAR	Search and rescue (Such- und Rettungsdienst der Bundeswehr)
SG	Soldatengesetz
SH	Schleswig-Holstein
StO	Standort
StOKdt	Standort-Kommandant
Stv	Stellvertreter

techn	technisch
TerrKdo	Territorial-Kommando
Trsp	Transport
U	Unterstützung
U-Boot	Unterseeboot
Uffz	Unteroffizier
VA	Vizeadmiral
VBK	Verteidigungs-Bezirks-Kommando
Verb	Verbindung
Vers	Versorgung
VKK	Verteidigungs-Kreis-Kommando
WBK	Wehrbereichskommando
WEU	Westeuropäische Union
WpflG	Wehrpflicht-Gesetz
zbV	zur besonderen Verwendung
ZDv	Zentrale Dienstvorschrift
ZMilDBw	Zentrale Militärische Dienststelle der Bundeswehr

Anlage 12

Literaturhinweise

Bücher

Autorenkollektiv, Das moderne Militärwesen, Berlin (Ost) 1968

Böckenförde, Ernst-Wolfgang, Die Organisationsgewalt im Bereich der Regierung, Berlin 1964

Höhn, R. und Böhme, G., Der Weg zur Delegation von Verantwortung im Unternehmen, Bad Harzburg 1969

Hornung, Klaus, Staat und Armee, Mainz 1975

Maiziere, Ulrich de, Bekenntnis zum Soldaten, Hamburg 1971

Mann, Siegfried, Das Bundesministerium der Verteidigung, Bonn 1971

Naser, Siegfried, Zur Frage der sogenannten Demokratisierung der Bundeswehr, Inaugural-Dissertation 1976

Presse- und Informationsamt der Bundesregierung, Zur Sicherheit der Bundesrepublik Deutschland und zur Entwicklung der Bundeswehr
Weissbuch 1970
Weissbuch 1971/72
Weissbuch 1973/74
Weissbuch 1975/76

Zeitschriften

Die Bundesmarine, Truppenzeitschrift der Marine, Koblenz-Bonn Jahrgänge 1975–77

Truppenpraxis, Ausbildung, Führung und Technik für den Offizier der Bundeswehr, Herford und Bonn 1975–1977

Gesetze

Das Dienstrecht des Soldaten, Gesetz über die Rechtsstellung der Soldaten (Soldatengesetz), Neufassung vom 19.8.1975

Grundgesetz vom 23. Mai 1949 (Letzte Änderung vom 23. August 1976)

Gesetz über die Wahl und Amtsdauer der Vertrauensmänner der Soldaten (Vertrauensmänner-Wahlgesetz) vom 26. Juli 1957 in der Fassung des Gesetzes vom 25. Juli 1975

Der Haushaltsplan des Deutschen Bundestages, Kapitel 14, Jahrgang 1976

Wehrpflichtgesetz vom 8. Dezember 1972, zuletzt geändert durch Gesetz vom 29. Juni 1976

Sachregister